KÖNIGS ERLÄUTERUNGEN
Band 21

Textanalyse und Interpretation zu

Johann Wolfgang von Goethe

FAUST I

Rüdiger Bernhardt

Alle erforderlichen Infos für Abitur, Matura, Klausur und Referat
plus Musteraufgaben mit Lösungsansätzen

Bange Verlag

Zitierte Ausgabe:
Johann Wolfgang von Goethe: *Faust. Erster Teil.* Husum/Nordsee: Hamburger Lesehefte Verlag, 2010 (29. Hamburger Leseheft). Nach dieser Ausgabe wird durch nachgestellte Versangabe oder in Ausnahmefällen Seitenangabe zitiert.

Über den Autor dieser Erläuterung:
Prof. Dr. sc. phil. Rüdiger Bernhardt lehrte neuere und neueste deutsche sowie skandinavische Literatur an Universitäten des In- und Auslandes. Er veröffentlichte u. a. Studien zur Literaturgeschichte und zur Antikerezeption, Monografien zu Henrik Ibsen, Gerhart Hauptmann, August Strindberg und Peter Hille, gab die Werke Ibsens, Peter Hilles, Hermann Conradis und anderer sowie zahlreiche Schulbücher heraus. Von 1994 bis 2008 war er Vorsitzender der Gerhart-Hauptmann-Stiftung Kloster auf Hiddensee. 1999 wurde er in die Leibniz-Sozietät gewählt.

Hinweis:
Die Rechtschreibung wurde der amtlichen Neuregelung angepasst.

7. Auflage 2015
ISBN 978-3-8044-1943-8
PDF: 978-3-8044-5943-4, EPUB: 978-3-8044-6943-3

Titelbild: Will Quadflieg und Gustaf Gründgens im Theaterfilm zu *Faust* (BRD 1960), © Cinetext

Druck und Weiterverarbeitung: Tiskárna Akcent

1. DAS WICHTIGSTE AUF EINEN BLICK – SCHNELLÜBERSICHT

Damit sich jeder Leser in diesem Band sofort zurechtfindet und das für ihn Interessante entdeckt, folgt eine Übersicht.

Im 2. Kapitel wird **Johann Wolfgang von Goethes Leben** beschrieben und auf den **zeitgeschichtlichen Hintergrund** verwiesen:

⇨ S. 10 ff.

→ Goethe lebte von **1749 bis 1832** vorwiegend in Weimar, der Hauptstadt des kleinen Herzogtums (seit 1815 Großherzogtums) Sachsen-Weimar-Eisenach.

⇨ S. 16 f.

→ Goethe kam 1775 nach Weimar; er brachte Textentwürfe zum *Faust* mit. Es war der Vorabend der Französischen Revolution von 1789, mit der sich Europa prinzipiell veränderte und die geistige Bewegung der Aufklärung politisch wirksam wurde.

⇨ S. 18

→ Im *Faust* schlägt sich die Entwicklung bürgerlichen Denkens, verbunden mit der Entwicklung moderner Wissenschaften, die Alchemie und Zauberei verdrängten, nieder; sie werden begleitet durch ästhetische Entwicklungen.

Im 3. Kapitel findet der Leser eine **Textanalyse und -interpretation.**

Faust – Entstehung und Quellen:

⇨ S. 25 ff.

Der historische Faust, ein Zeitgenosse Luthers, gehört zu den interessantesten Gestalten der europäischen Kulturgeschichte und steht am Beginn der Moderne; Goethe fand zahlreiche literarische Verarbeitungen des Themas vor.

Inhalt:

Der Tragödie erster Teil gehen eine *Zueignung*, das *Vorspiel auf dem Theater* und der *Prolog im Himmel* voraus, deren wesentliches Ergebnis die Wette um Faust zwischen dem Herrn und Mephisto ist. In 25 Szenen (*Urfaust* 21 Szenen) wird der das Wissen seiner Zeit beherrschende Faust auf der Suche nach neuen Erkenntnissen und Erlebnissen begleitet. Um seine Ziele zu erreichen, die mit menschlichen Mitteln nicht zu erreichen sind, geht er mit Mephistopheles, dem Gegenspieler Gottes, einen höllischen Pakt ein, der ihm alles verspricht bis zu dem Augenblick, in dem Faust einer Erfüllung Dauer verleihen will. Dann verfällt seine Seele dem Teufel (Gelehrten-Drama). Mephisto hat allerdings nur die Angebote einer kleinen Welt zu bieten, zu der auch Gretchen gehört (Gretchen-Drama). Faust verliebt sich in das Mädchen und verführt sie; Gretchen wird schwanger und als Kindesmörderin verurteilt (Motiv des Sturm und Drang). Faust entflieht mit Mephisto.

⇨ S. 33 ff.

Chronologie und Schauplätze:

Die Szenen spielen am Übergang vom Mittelalter zu Renaissance, Humanismus und Neuzeit; der historische Faust hat zwischen 1480 und 1540 gelebt. Schauplätze sind Fausts gotische Studierstube, Leipzig, der Harz und eine mittelalterliche Stadt mit Dom.

⇨ S. 52 ff.

Personen:

Die Hauptpersonen sind:

Heinrich Faust:

⇨ S. 66 f.

- → Mann in den besten Jahren
- → Gelehrter, der nach letzten Erkenntnissen strebt

⇨ S. 67 f.

Mephistopheles:

- teuflischer Widerpart zu Gott
- Verkörperung des Widerspruchs
- Verführer und Begleiter Fausts

⇨ S. 69 f.

Margarete, genannt „Gretchen“:

- vierzehnjähriges bürgerliches Mädchen
- von Faust als Geliebte begehrt und verführt
- wird zur Kindesmörderin.

⇨ S. 70 f.

Valentin:

- Soldat
- auf Tugend und Ehre bedachter spießiger Bruder Margaretes

⇨ S. 71

Marthe Schwerdtlein:

- Margaretes Nachbarin mit kupplerischen Veranlagungen

⇨ S. 71 ff.

Wagner:

- Famulus (Assistent) Fausts
- sammelnder und ordnender Wissenschaftler
- rational-fortschrittsgläubig
- teils als trockener Typ satirisch gebrochen

Stil und Sprache im *Faust*:

⇨ S. 95 ff.

- Prosa und Vers
- zahlreiche Versformen (v. a. Knittelvers, Madrigalvers bzw. Faustvers, Blankvers)

Interpretationsansätze:

Rezeptionsgeschichte:

2. JOHANN WOLFGANG VON GOETHE: LEBEN UND WERK

2.1 Biografie

Johann Wolfgang von Goethe (1749–1832), © ullstein bild – Archiv Gerstenberg

JAHR	ORT	EREIGNIS	ALTER
1749	28. August Frankfurt a. M.	Johann Wolfgang Goethe wird als Sohn des Kaiserlichen Rates Dr. jur. Johann Kaspar Goethe, Sohn eines Schneiders, und Katharina Elisabeth, geb. Textor, Tochter des Schultheißen, in Frankfurt am Main, im Haus „Zu den drei Leiern" am Großen Hirschgraben geboren. Die Familie ist wohlhabend; der Reichtum stammt vom Großvater.	
1750	Frankfurt a. M.	Schwester Cornelia Friederike Christiana Goethe geboren.	1
1753	Frankfurt a. M.	Der Vater schenkt den Kindern zu Weihnachten ein **Puppentheater**. Goethe schrieb das Geschenk später der Großmutter zu, um den Ruf des Vaters zu schädigen.	4
1759–1763	Frankfurt a. M.	Während der französischen Besetzung Frankfurts besucht Goethe **das französische Theater**.	10–14
1765	Leipzig	Goethe **studiert die Rechte**, hört aber auch Vorlesungen zur Literatur und lernt Gellert und Gottsched kennen. – Liebe zu Käthchen Schönkopf, der Tochter eines Zinngießers.	16
1768	Frankfurt a. M.	Goethe kehrt nach einem Blutsturz nach Hause zurück. Er verkehrt im pietistischen Kreis der Susanna Katharina von Klettenberg und liest Wieland, Shakespeare u. a.	19

JAHR	ORT	EREIGNIS	ALTER
1770	Straßburg	**Er setzt sein Rechtsstudium fort** und schließt es als Lizentiat der Rechte ab. Er lernt Herder und Dichter des **Sturm und Drang** (Jung-Stilling, Heinrich Leopold Wagner, Jakob Michael Reinhold Lenz) kennen. Im Straßburger Kreis werden ihm Pindar, Homer, die englische Dichtung, voran **Shakespeare** und **Ossian**, nahegebracht. Herder weist ihn auf Hamann und die Volkspoesie hin. Er begeistert sich für das gotische Straßburger Münster.	21
	Sesenheim (Sessenheim)	Kurz vor dem 15. Oktober: Besuch bei Friederike Brion. Er verliebt sich in die **Pfarrerstochter von Sesenheim**, Mai–Juni in Sesenheim, am 7. August 1771 ohne Erklärung Abschied.	
1771	Straßburg	Frühling, Sommer: Goethe sammelt Volksballaden, einer Anregung Herders folgend.	22
	Frankfurt a. M.	14. Oktober: Goethe hält zu Hause seine berühmte Rede *Zum Schäkespears Tag*. Prozess gegen die Kindesmörderin Susanna Margaretha Brandt.	
1772	Wetzlar	Goethe als Praktikant am **Reichskammergericht**; verliebt sich in Charlotte Buff. Der Selbstmord des Studienkollegen Jerusalem (30. Oktober 1772) geht in den Roman *Die Leiden des jungen Werther* ein.	23
	Frankfurt a. M.	Rückkehr nach Hause.	
1774	Frankfurt a. M.	Knebel vermittelt Goethes **Bekanntschaft mit dem Erbprinzen Karl August von Weimar.**	25

JAHR	ORT	EREIGNIS	ALTER
1775	Frankfurt a. M.	Liebe und Verlobung mit Lili Schönemann, brieflich sich äußernde Liebe zur Gräfin Auguste von Stolberg, die er nie sehen wird.	26
	Schweiz	Erste Reise in die Schweiz.	
	Weimar	Abreise am 30. 10., nachdem Karl August am 3. 9. die Regierung angetreten hat, **Ankunft am 7. 11**.	
1776	Weimar	Geheimer Legationsrat mit Sitz und Stimme im Geheimen Conseil, tritt am 25. Juni in den **Staatsdienst**. Beziehung zu **Charlotte von Stein**.	27
1777	Harz	Erste Harzreise, der 1783 bis 1789 weitere folgen. Nachklang im *Faust*: Walpurgisnacht.	28
1779	Weimar	Übernahme weiterer Aufgaben, u. a. Kriegskommission. Er wird zum Geheimen Rat ernannt. Erste Aufführung der *Iphigenie auf Tauris* (Prosafassung).	30
	Schweiz	Zweite Reise.	
1781	Weimar	Naturwissenschaftliche Studien.	32
1782	Weimar	Goethe wird **geadelt**. Sein Vater stirbt.	33
1784	Weimar	Goethe entdeckt den **Zwischenkieferknochen** beim Menschen.	35
1786	Karlsbad	Sommer in Karlsbad. Heimlich flieht er von dort nach Italien.	37
	Italien	Goethe kommt am 29. Oktober in Rom an. **Italienische Reise**, 1815 Titel der Beschreibung dieser Reise.	
1788	Weimar	Rückkehr, lernt **Christiane Vulpius** kennen und lebt von nun an zum Entsetzen des Weimarer Adels mit ihr zusammen.	39

JAHR	ORT	EREIGNIS	ALTER
1789	Weimar	Sohn August geboren, stirbt 1830 in Rom und wird dort beerdigt.	40
1790	Italien	Zwischen März und Juni die **zweite Italienreise**. Nach Schlesien in der Begleitung Karl Augusts, der als General in Preußens Diensten steht.	41
1791	Weimar	1791–1817 Direktor des Hoftheaters, Materialsammlung zur ***Farbenlehre***.	42
1792–1793	Frankreich	Feldzug. Teilnahme an der Belagerung von Mainz.	43–44
1794	Weimar, Jena	Beginn der **Freundschaft und des Briefwechsels mit Schiller**. Einfluss Schillers auf wesentliche Werke, z. B. *Wilhelm Meisters Lehrjahre*.	45
1797	Schweiz	Dritte Reise.	48
1799	Weimar	Im Dezember siedelt Schiller von Jena nach Weimar über.	50
1803	Weimar	Friedrich Wilhelm Riemer wird Hauslehrer von Goethes Sohn und Goethes Sekretär und heiratet 1814 Christianes Gesellschafterin Caroline Ulrich, die seit 1809 in Goethes Haus wohnt und die der Dichter liebt.	53
1805	Weimar	9. Mai: Tod Schillers. Freundschaft mit Zelter.	55
1806	Jena	**Schlacht bei Jena und Auerstädt**: Das Heilige Römische Reich Deutscher Nation geht unter. Die Franzosen plündern Weimar, Goethes Haus bleibt dank des Einsatzes von Christiane verschont. Am 19. Oktober lässt sich **Goethe mit Christiane trauen**.	57
1807	Weimar	Liebe zu Minna Herzlieb.	58

JAHR	ORT	EREIGNIS	ALTER
1814	Rhein und Main	Reisen. Liebe zu Marianne von Willemer.	65
1816	Weimar	6. Juni: **Tod Christianes**.	67
1823	Weimar	Johann Peter Eckermann besucht Goethe. Er wird Mitarbeiter und Nachfolger Riemers. Reise nach Marienbad und Eger. Verliebt sich in Ulrike von Levetzow.	74
1828	Weimar	Der Großherzog Karl August stirbt.	79
1832	Weimar	22. März: **Tod** Goethes in seinem 83. Lebensjahr.	82

2.2 Zeitgeschichtlicher Hintergrund

ZUSAMMENFASSUNG

Grundlegende politische und gesellschaftliche Wandlungen nach 1770:

- → Im amerikanischen Unabhängigkeitskrieg entsteht ein bürgerlicher Staat (Unabhängigkeitserklärung 1776).
- → In Frankreich bereitet sich die Revolution von 1789 vor, die Europa grundsätzlich von einer höfisch-aristokratischen in eine bürgerliche Gesellschaft verändert und 1806, während der Napoleonischen Kriege, zum Zusammenbruch Preußens führt.
- → Zeit der Ablösung der politischen Feudalstruktur und eines orthodoxen Christentums durch eine auf Wissenschaft orientierte bürgerliche Entwicklung; Abkehr von einem religiös-metaphysischen Weltbild und Vordringen aufklärerischen Denkens und der kritischen Vernunft. Von England aus Beginn einer industriellen Revolution.
- → Deutschland ist in Kleinstaaten zersplittert, dadurch wirtschaftlich rückständig, und hat kein politisches, ökonomisches und kulturelles Zentrum.
- → Künstlerisch-ästhetisch wird das Literaturverständnis, das bisher weitgehend von Aristoteles und dem französischen Klassizismus bestimmt wurde, durch die Rezeption der Dramen Shakespeares erweitert und führt zu einer neuen Dramenform, die zur offenen Form tendiert und epische Elemente bekommt. Neubestimmung des Verhältnisses zur Antike.

Vom Vorabend der Französischen Revolution 1789 bis zur Julirevolution 1830

Die Entstehungszeit des *Faust*-Komplexes reicht von 1770 bis 1832, zu ihm gehören *Urfaust, Faust. Ein Fragment, Faust. Eine Tragödie* mit *Der Tragödie Erster Teil* und *Der Tragödie Zweiter Teil*. Goethe begann mit der Arbeit während der deutschen Sturm-und-Drang-Zeit, die eine Zuspitzung aufklärerischen Denkens bedeutete. Zum einen verwirklichten sich die aufklärerischen Ideen Westeuropas im amerikanischen Unabhängigkeitskrieg: Sie führten nicht nur zum Sieg über die Kolonialmächte, sondern zur Gründung eines bürgerlichen Staates (Unabhängigkeitserklärung der 13 Vereinigten Staaten, 4. Juli 1776), der die Ideen der französischen Aufklärung (Rousseau), insbesondere die Menschenrechte, zu verwirklichen antrat. Zum anderen war es der Vorabend **der bürgerlichen Französischen Revolution von 1789**. Europa wurde durch die Aufklärung und die durch sie entwickelte kritische Vernunft auf die geistigen und politischen Veränderungen vorbereitet. „Vernunft" war eine zentrale Kategorie im 18. Jahrhundert und bedeutete, mit Hilfe des analytischen Denkens zu Ideen vorzustoßen, die eine neue Qualität im Weltverständnis des Menschen und im Umgang miteinander hervorbrachten. Dagegen galt der „Verstand" als jenes Maß von Urteilskraft und Intelligenz, „durch dessen Hilfe jeder Mensch mit den gewöhnlichen Angelegenheiten der Gesellschaft fertig wird"[1].

Aufklärung

Menschenrechte

Im Zentrum des aufklärerischen Denkens standen die Menschenrechte. Erste Anregungen gab der englische Materialist Thomas Hobbes (1588–1679). Ihre Präzisierung geschah durch den deutschen Philosophen und Aufklärer Samuel von Pufendorf

---

1 Manfred Naumann (Hrsg.): *Artikel aus der von Diderot und d'Alembert herausgegebenen Enzyklopädie.* Leipzig: Reclam, 1984 (Universal-Bibliothek Band 90), S. 139.

(1632–1694), der dem Menschen höchste Würde zubilligte, weil er eine Seele habe, die durch den Verstand geprägt werde. Damit löste Pufendorf ihn aus göttlicher Abhängigkeit und gab ihm eine eigene unantastbare Würde. Genaue Bestimmungen der Menschenrechte nahmen Jean-Jacques Rousseau (1712–1778) und Immanuel Kant (1724–1804) vor. Nach Rousseau waren alle Menschen von Natur aus frei und gleich und durch Vernunft gut, so sollte auch der Staat eingerichtet werden. Nach Kant war die Freiheit das grundlegende Menschenrecht, von dem aus alle anderen abgeleitet würden. Kants Begriff der Freiheit verband sich unlösbar mit Vernunft und der Einsicht in die Notwendigkeit: „Zu dieser Aufklärung aber wird nichts erfordert als Freiheit; und zwar die unschädlichste unter allem, was nur Freiheit heißen mag, nämlich die, von seiner Vernunft in allen Stücken öffentlichen Gebrauch zu machen.“[2] In dem **Spannungsfeld von Aufklärung, Vernunft und Öffentlichkeit** und mit Rücksicht auf die Beziehung der Menschen untereinander waren freie Entscheidungen möglich. In *Faust* schlugen sich diese Ideen konzentriert in Fausts Monolog zum Osterspaziergang nieder (V. 903–940), der zu den zuletzt geschriebenen Szenen gehört. Goethes Protagonist beschreibt darin im Bilde der auferstehenden Natur auch die sich befreienden, aus feudal beengter Struktur und kirchlicher Vorherrschaft („aus der Kirchen ehrwürdiger Nacht“) auferstehenden Menschen, die ihr Menschsein bejubeln.

Kants Begriff der Freiheit

Fausts Monolog zum Osterspaziergang

Trotz dieser Entwicklung muss mitgedacht werden, dass der größte Teil der Bevölkerung am Ende des 18. Jahrhunderts sozial entrechtet und ungebildet war, an Zauberei und Teufel glaubte und nicht mehr als notdürftig sein Leben fristete. Zu diesem

2 Immanuel Kant: *Was ist Aufklärung?* [1784]. In: Ders.: Ausgewählte kleine Schriften. Leipzig: Verlag von Felix Meiner, o. J., S. 3.

Kreis gehörten auch die meisten Kindesmörderinnen, die verführt und verlassen und dadurch der sozialen Ausgrenzung überlassen wurden.

Der Tragödie Zweiter Teil

Die Arbeit an *Der Tragödie Zweiter Teil* wurde abgeschlossen, als die französische Arbeiterklasse in der Zeit der **Julirevolution 1830** zum ersten Male Forderungen anmeldete. Geistig umfasste der Gesamtkomplex *Faust* die Zeit von Aufklärung und Sturm und Drang bis zu den utopischen Sozialisten im Umfeld Saint-Simons. Goethe hatte die französische Zeitung *Le Globe* abonniert; was er darin an Gedankengut des utopischen Sozialismus fand, floss in die Arbeit am 5. Akt in *Faust II* ein. Mit Faust stimmte Goethe überein, möglichst viel Wissen zu erwerben; mit Faust quälte ihn, dass dieses Wissen ihm nicht die gewünschten Antworten gab.

Utopischer Sozialismus

Bürgerlicher Macht- und Wissenschaftsanspruch

Entstanden die Szenen des *Urfaust* noch in der Zeit, als Friedrichs II. von Preußen (1712–1786) Macht auf dem Höhepunkt war, so erschien *Faust. Eine Tragödie* zur Ostermesse 1808. Europa hatte sich grundlegend verändert: Das Preußen Friedrichs II. war 1806 vernichtet worden, Napoleon war Kaiser. Die Französische Revolution von 1789 und ihre Folgen hatten Europa prinzipiell verändert. Goethes *Faust. Der Tragödie erster Teil* entstand parallel zu der Neuordnung Europas nach der Französischen Revolution von 1789, die einschneidende soziale Veränderungen brachte. Dabei war die deutsche Intelligenz von der französischen Aufklärung inspiriert worden und entwarf in Anbetracht der zurückgebliebenen wirtschaftlichen Entwicklung in Deutschland Ideen für eine nationale Bildung und Erziehung durch Kunst. Letztlich gehörte zu diesem Programm auch die Ansiedlung großer Handlungsteile des *Faust* in der universitären Bildung (Gelehrten-Handlung). Intellektuelle und Künstler orientierten sich an der Ablösung

Neuordnung Europas nach 1789

feudaler Strukturen durch den **Einfluss des Bürgertums**. Dazu gehörte die Suche nach Traditionen und Vorbildern, denen man die Zukunftsvorstellungen und das Fortschrittsdenken auflegen konnte. Ein solches Vorbild war der vagabundierende Arzt und Alchimist Johann Faust (um 1480–1540), um den sich nach seinem Tod zahlreiche Legenden rankten. In Goethes *Faust* sind Spuren zu finden. Heinrich Heine beschrieb, was Faust für die deutsche Geschichte bedeutete: Faust lebte, so Heine in der *Romantischen Schule*, „zur Zeit, wo man anfing, gegen die strenge Kirchenautorität zu predigen und selbstständig zu forschen: – so dass mit Faust die mittelalterliche Glaubensperiode aufhört und **die moderne kritische Wissenschaftsperiode** anfängt.“[3] Goethes Tragödie entstand parallel zu weitreichenden weltgeschichtlichen Ereignissen und verarbeitete diese.

Ablösung feudaler Strukturen

Beginn der modernen Wissenschaft

Veränderungen in der Ästhetik

Mit Goethes Sturm-und-Drang-Werken, auch dem *Faust*, wurde der allgemein gültige **Regelkanon des klassizistischen französischen Theaters** außer Kraft gesetzt. Zum Namenstag William Shakespeares (1564–1616) hatte Goethe am 14.10.1771 Freunde zu einer Feier ins elterliche Haus eingeladen, für die er seine Rede ***Zum Schäkespears Tag*** schrieb. Sie ist eine der ersten und wichtigsten Schriften des Sturm und Drang und bereitete *Faust* vor. Wenn Goethe aus Shakespeares Werken ableitete, alles in der Welt drehe sich um den geheimen Punkt, in dem „das Eigentümliche unsres Ichs, die prätendierte Freiheit unsres Willens, mit dem notwendigen Gang des Ganzen zusammenstößt“[4], so hatte er

Einfluss Shakespeares

---

3 Heinrich Heine: *Die Romantische Schule*. In: Ders.: Werke. Hrsg. von Ernst Elster. Leipzig: Bibliografisches Institut, o. J., Bd. 5, S. 257 f.

4 Goethe: *Zum Schäkespears Tag*. In: BA 17, S. 187 f.

das ideelle Zentrum seines *Faust*, wenn auch in abstrakter Weise, beschrieben.

Faust als Welt- und Zeittheater

Vom Sturm und Drang zur Klassik

Die aristotelische **Dreieinheit** (Ort, Zeit, Handlung) erfährt Veränderungen, die ihre scharf umrissenen dramaturgischen Inhalte ins Welthaltige ausweitet. Goethe fand für seine **Einheit des Orts, der Zeit und der Handlung** eine Erklärung des *Faust* als Welt- und Zeittheater: Die Einheit des Ortes und der Handlung sei durch die Menschheitsgeschichte gegeben, „vom Untergange Trojas bis auf die Zerstörung Missolunghis“ [5], die Einheit der Zeit durch die „Fülle der Zeiten, da es denn jetzt seine volle dreitausend Jahre spielt“. [6] Mit dem Schwinden des Sturm und Drang, durch Goethes Eintritt in feudale Herrschaftsverhältnisse und nach seiner Italien-Reise stellte er aus den aristotelischen Formen und dem Theater Shakespeares eine neue Qualität her, die zum klassischen Drama führte. Die dramaturgischen Bestimmungen bekamen im *Faust* inhaltliche Orientierungen wie Natur, Originalität und Ursprünglichkeit.

5 Griechische Stadt, die 1826 von den Türken belagert und zerstört wurde.
6 Goethe am 22. Oktober 1822 an Wilhelm von Humboldt. In: Gräf, *Über seine Dichtungen*, S. 350.

2.3 Angaben und Erläuterungen zu wesentlichen Werken

ZUSAMMEN-FASSUNG

Goethes *Faust. Der Tragödie Erster Teil* ist ein geistiges und poetisches Sammelbecken:

- In ihm treffen sich Ideen, Pläne und Werke des Dichters aus der Zeit vor 1775, also vor dem Aufenthalt in Weimar. Die Handlung des *Faust* spielt zur gleichen Zeit wie *Götz von Berlichingen* (Regierungszeit Maximilians I.: 1493–1519). Zwischen *Faust* und *Hanswursts Hochzeit* gibt es sprachliche Entsprechungen u. a.
- Im *Faust* wirken sich persönliche Erlebnisse Goethes aus der Studienzeit, aus der juristischen Tätigkeit in Wetzlar und Frankfurt a. M. und aus den Beziehungen zu Herder und den Dichtern des Sturm und Drang aus, die auch in frühen Werken Goethes nachwirken (Gedichte, *Werther* u. a.). Das Schuldgefühl Goethes gegenüber Friederike Brion schlägt sich in der Beziehung Fausts zu Gretchen nieder. Fausts Unzufriedenheit am universitären Leben ist ein Abbild dessen, was Goethe besonders in Leipzig erlebt hatte. Die Gretchen-Handlung geht auf das Schicksal Susanna Margaretha Brandts zurück, deren Prozess Goethe als „prominenter Zeuge“[7] verfolgte. Ob Goethe den Fall der Catharina Maria Flindt ebenfalls im Kopf hatte, die, wegen Kindesmords zum Tode verurteilt, von ihrem Geliebten aus dem Gefängnis befreit

---

7 Birkner, S. 7.

wurde, sich aber freiwillig und ihrem Gewissen folgend der Hinrichtung stellte, ist ungewiss.[8] Kindesmord war ein bevorzugtes Thema des Sturm und Drang.

→ Die deutsche Aristokratie lebte mit und in französischer Kultur; hinzu kam der Einfluss der katholischen Kirche mit lateinischer Sprache, Dichtung und Gelehrtenwesen. Der Griff mehrerer Dichter (Lessing, Goethe, Klinger usw.) zum deutschen Faust-Stoff war darauf eine Reaktion.

Hanswursts Hochzeit

Aus dem Umkreis des *Urfaust* stammt die Farce ***Hanswursts Hochzeit***[9], die Fragment geblieben ist. Schon die Gattungsbezeichnung „Ein mikrokosmisches Drama" ist ein Gegensatz zu Fausts Beschwörung des Makrokosmos („Er schlägt das Buch auf und erblickt das Zeichen des Makrokosmos." Vor V. 430). Mephisto rät Faust, um seine übertriebenen Wünsche zu realisieren, einen Dichter, einen „Herrn Mikrokosmus" (V. 1802) zu engagieren. Die monologischen Eröffnungen beider Stücke verhalten sich zueinander wie Vorlage und Parodie in Form und Inhalt:

FAUST	HANSWURSTS HOCHZEIT
Form (Knittelvers):	
Hab nun, ach! die Philosophei	Hab ich endlich mit allem Fleiß
Inhalt:	
Faust erzieht seine Studenten	Kilian Brustfleck erzieht sein Mündel Hanswurst

8 Vgl. Boyle, Bd. 1, S. 113 f.
9 BA 5, S. 488 ff. und S. 685 ff.

FAUST	HANSWURSTS HOCHZEIT
Faust ist erfolglos (nichts wissen können)	Hanswurst ist weiterhin tölpisch schlüfflich (bedeutet: ungesittet, roh)
Gesucht wird von Faust und Kilian:	
was die Welt/Im Innersten zusammenhält	Das Muster aller künft'gen Welten
das Erlebnis des Makrokosmos	*das Erlebnis des Mikrokosmos*

BEZIEHUNGEN VON LEKTÜRE, WERKEN UND ERLEBNISSEN ZUM *FAUST* (AUSWAHL)

Faust

Die Mitschuldigen (1768)
Erste Erwähnung des Doktor Faust
(1. Fassung V. 435 f., 2. Fassung V. 786 f.)

1769: Lektüre Goethes:
Paracelsus (ein Faust-Vorbild)

Georg von Welling:
Opus Mago-Cabbalisticum

1770: Goethe begeistert sich durch das Straßburger Münster für die Gotik

Liebe zu Friederike Brion
1770–71 in Sesenheim

1771: *Götz von Berlichingen* (1. Fassung):
Handlungszeit wie im *Faust*

14. 1. 1772: Hinrichtung der Kindesmörderin
Susanna Margaretha Brandt (Urbild des Gretchens)

1772: *Von deutscher Baukunst*

Hanswursts Hochzeit
(1773–75) Parodie des *Faust*

1774: *Prometheus* (Gedicht):
Schöpfungsanspruch

1775/76: Gedicht *Vor Gericht*
über eine Kindesmörderin

1776: *Hans Sachsens poetische Sendung*
Verwendung des Knittelverses,
Bekenntnis zu einer volksnahen realistischen Dichtung

Teils drastische Bildhaftigkeit

Die teils obszöne und drastische Bildhaftigkeit findet ihre gemilderte Entsprechung in den Szenen *Hexenküche* und *Walpurgisnacht* samt der Paralipomena der Satansszenen im *Faust*. Im *Faust* werden bestimmte Wörter immer noch nicht gedruckt, in der Farce stehen sie in aller Deutlichkeit.[10]

Titan Prometheus und Faust

Ursprünglich war Goethes *Faust* ein Stück des Sturm und Drang. In ihm fand man den Geist des Titanismus, aus dem man die Symbole seines Denkens bezog (in ihren Zielen sind sich der Titan Prometheus und Faust ähnlich). Darin liegt aber eines der Probleme Fausts, an dem er ohne teuflische Hilfe gescheitert wäre: Er stellt Ansprüche wie ein Titan, möchte „Ebenbild der Gottheit" (V. 516) sein, hält aber der Begegnung mit übermenschlichen Geistern, wie dem Erdgeist, nicht stand und muss erkennen, dass er „nicht einmal" (V. 517) ihm gleicht; am Ende der Begegnung sieht man Faust „zusammenstürzend" (vor V. 514). – Der Stoff fand bei Lessing und unter den Stürmern und Drängern viele Freunde. Nicht nur Goethe beschäftigte sich mit dem Thema, sondern auch Jakob Michael Reinhold Lenz, Friedrich (Maler) Müller, Friedrich Maximilian Klinger und andere.[11]

---

10 Vgl. BA 8, S. 283, und BA 5, S. 488 ff.
11 Vgl. Bernhardt, *Faust. Ein Mythos*, S. 47 ff. u. 57 ff.

3. TEXTANALYSE UND -INTERPRETATION

3.1 Entstehung und Quellen

ZUSAMMENFASSUNG

1770 Beginn der Beschäftigung mit dem *Faust*-Stoff, vielleicht schon 1768.
1773 Arbeit am *Urfaust,* 1775 Lesungen vor den Herzoginnen. Text erhalten geblieben durch eine Abschrift des Hoffräuleins Luise von Göchhausen, erst 1887 entdeckt.
1790 *Faust. Ein Fragment* erscheint im 7. Band von *Goethes Schriften.*
1794 Schiller drängt auf Weiterarbeit, 1797 Goethe nimmt das auf und entwirft ein Schema.
1806 Abschluss von *Faust. Eine Tragödie*, 1808 erscheint *Faust. Der Tragödie Erster Teil* im 8. Band der dreizehnbändigen Cotta'schen Ausgabe der *Werke*.

Manche Literaturwissenschaftler nehmen ohne entsprechenden Nachweis an, Goethe habe schon vor 1770 über den *Faust* nachgedacht. Allerdings habe er sich dem Stoff da unter völlig anderem Vorsatz genähert: Die Grenzen des Christentums hatte er für sich so weit gedehnt, dass sie kaum noch erkennbar waren. Er hätte sich „ein Stück vorgestellt, das mit der Erlösung nicht nur Fausts, sondern auch des Teufels und aller Bewohner der Hölle endete“ [12]. 1770 in Straßburg fand Goethe durch die Bekanntschaft mit dem Puppenspiel vom Dr. Faust, zu dem Marlowes *tragische Geschichte*

Erlösung aller Höllenbewohner?

1770: *Faust*-Puppenspiel in Straßburg

12 Boyle, Bd. 1, S. 113.

des furchtbaren Lebens und Todes des Doktor Faust gesunken war, Interesse an der Gestalt, wie er in *Aus meinem Leben. Dichtung und Wahrheit* schrieb: „Die bedeutende Puppenspielfabel des andern (Faust, R. B.) klang und summte gar vieltönig in mir wider. Auch ich hatte mich in allem Wissen umhergetrieben und war früh genug auf die Eitelkeit desselben hingewiesen worden." [13] Allerdings ist „dieser irreführendsten aller Autobiografien" [14] nicht zu vertrauen.

Der historische Faust

Der historische Faust gehört zu den interessantesten Gestalten der neueren europäischen Kulturgeschichte. Er hat gelebt; Dokumente, darunter ein Zauberbuch Fausts [15], belegen das. Aber sowohl seine Herkunft als auch sein Ende sind legendär. Etwa 50 Jahre nach seinem Tod erschien mit dem ***Volksbuch von Doktor Faust*** eine Biografie, die mehr die **Legende des berüchtigten Schwarzkünstlers** als die tatsächlichen Fakten eines beweglichen Humanisten bediente, der keine Grenzen, weder die von der Kirche, noch die von der Natur gesetzten, anerkannte. Im Gegensatz zu Goethe sollte das Volksbuch eine **Warnschrift** sein und am Exempel Fausts die vernichtenden Folgen eines Teufelsbündnisses zeigen. Etwa 1588 schrieb der Engländer **Christopher Marlowe** *Die tragische Geschichte des furchtbaren Lebens und Todes des Doktor Faust*, das erste Drama über Faust und gleichzeitig das erste Beispiel eines titanisch strebenden Fausts, der um den Preis seiner Seele letzte Erkenntnisse sucht. Goethe lernte Marlowes Werk wohl erst 1818 in der deutschen Übersetzung von Wilhelm Müller kennen. [16]

Marlowes *Faust*-Drama (etwa 1588)

---

13 Goethe: *Aus meinem Leben. Dichtung und Wahrheit*, BA 13, S. 446.
14 Boyle, Bd. 1, S. 126.
15 Vgl. Bernhardt, *Faust. Ein Mythos*, S. 12 ff.
16 Christoph Marlowe: *Doktor Faustus. Tragödie.* Aus dem Englischen übersetzt von Wilhelm Müller. Mit einer Vorrede von Ludwig Achim von Arnim. Berlin: In der Maurerschen Buchhandlung, 1818.

Der historische Faust lebte von 1470 bis 1540.[17] Er kam in Helmstadt bei Neckarbischofsheim (östlich von Heidelberg) oder, nach Melanchthon, in dem kleinen Ort Kundling (heute: Knittlingen) bei Maulbronn in Württemberg auf die Welt. Im Volksbuch (1587) ist er in Roda bei Weimar als eines Bauern Sohn, nach anderen Angaben wurde er in Simmern bei Kreuznach geboren. Er hieß vermutlich Georg Zabel und nannte sich Georgius Sabellicus, später taucht der Vorname Johann auf. Goethe nennt ihn Heinrich.[18] „Faustus" war kein Familienname, sondern ein lateinischer Gelehrtenname der Reformation, bedeutend „der Glückliche", der später in der Form „Faust" als Familienname verstanden wurde. Faust lebte gleichzeitig wie **Luther, Müntzer, Nostradamus, Götz von Berlichingen und Maximilian I.**, war aber eine Gestalt am verschwimmenden Rand zwischen Geschichte und Legende, mehr Scharlatan als Politiker, mehr Gaukler als Gelehrter, mehr Spieler als Akademiker. In Staufen im Breisgau soll ihn um 1540 der Teufel geholt haben. Nach dem Volksbuch geschah das in Rimlich bei Wittenberg. Alles deutet auf einen unnatürlichen Tod hin, der sich möglicherweise bei einem Chemieversuch ereignete. – Bauernkrieg, Reformation, Zusammenbrechen der Ritterschaft, Beginn der modernen Naturwissenschaft mit den Büchern der „weißen Magie" – im Gegensatz zu den Zauberkünsten der „schwarzen Magie" – und Absage an die Scholastik, wie sie in den *Dunkelmännerbriefen* (1515) zu finden war, bildeten den Hintergrund für Fausts Leben und Wirken. Als fahrender Geselle erlebte er jene gewaltige Zeit, die in Europa unter anderem mit den Namen **Reformation, Cinquecento und Renaissance** versehen wird und

Georg Zabel alias Johann Faustus

„Der Glückliche"

17 Vgl. Bernhardt, *Faust. Ein Mythos*, S. 18 f.
18 Goethe habe den Vornamen Heinrich Agrippas von Nettesheim eingesetzt, einem zeitgenössischen Gelehrten, dessen Schriften er benutzte und „aus denen er manche Züge für seine Faustgestalt übernahm" (Schmidt, S. 12).

Weltverändernde Entdeckungen

sich mit weltverändernden Entdeckungen und Forschungsergebnissen verband: Das kopernikanische Weltbild löste die antike Weltsicht ab, die moderne Medizin begann sich mit einer Neuordnung der Anatomie (Andreas Vesalius) zu entwickeln, Amerika wurde 1492 von Kolumbus entdeckt – um nur einige der herausragenden Veränderungen zu nennen. Während Faust von der Kirche verteufelt wurde, erschien er dem einfachen Volk als Hoffnung und bewunderter Zauberer, der unerfüllte Wünsche verwirklichen konnte.

Goethes Quellen

Goethe hat das Puppenspiel seit Straßburg und das Volksbuch sicher auch frühzeitig gekannt; nachgewiesen ist, dass er das Volksbuch 1801 aus der Herzoglichen Bibliothek in Weimar entlieh. Persönliche Erlebnisse Goethes dürften verwendet worden sein; die Szene in Auerbachs Keller könnte auf die Leipziger Studentenzeit zurückgehen. In der Beziehung von Faust und Gretchen konnte er seine brüske Trennung von Friederike Brion bewältigen. Er las **geheimnisvolle Schriften**, beschäftigte sich mit Paracelsus, Heinrich Cornelius Agrippa von Nettesheim (*Über okkulte Philosophie*, 1533) und Swedenborg und studierte Gottfried Arnolds *Unparteiische Kirchen- und Ketzerhistorie* (1699/1700). **Zwei Handlungsstränge** verliefen unabhängig voneinander und hatten wenig Verbindung miteinander: die Handlung des suchenden Gelehrten Faust, die Goethe aus dem Volksbuch entnahm, und die Tragödie Gretchens, die Goethes Erfindung und eigenem Erleben verpflichtet war.

Soziale Erfahrungen

Auch **soziale Erfahrungen** gingen in den *Faust* ein. Goethe wurde in Frankfurt Zeuge eines Prozesses gegen die Kindesmörderin Susanna Margaretha Brandt, die im Oktober 1771 zum Tode verurteilt und 1772 enthauptet wurde. Im Frühjahr 1773 beschäftigte sich Goethe mit **Hans Sachs**. 1776 entstand Goethes Gedicht *Erklärung eines alten Holzschnittes, vorstellend Hans Sachsens poetische Sendung*. Der von Sachs verwendete **Knittelvers** wurde folgenreich.

Bereits 1773 wussten die Freunde vom *Faust*: Friedrich Wilhelm Gotter erbat sich das Stück im Sommer 1773. Goethe hatte ihm gerade die soeben erschienene zweite Fassung des *Götz von Berlichingen* geschickt. Gotter antwortete mit einem amüsanten Gedicht, in dem er das Stück kommentierte, und legte eigene Arbeiten bei, verbunden mit der Bitte:

> „Wirst finden was von meiner Mus',/Und freut' mich recht von Herzensgrund,/Wenn Dir der Dreck gefallen kunnt'./Schick mir dafür den Doktor Faust,/Sobald Dein Kopf ihn ausgebraust.“ [19]

„Schick mir dafür den Doktor Faust“

Es ist **das früheste Zeugnis**, dass 1773 den Freunden die Arbeit am *Faust* bekannt war und sie vermuteten, das Werk sei weit gediehen. Heinrich Christian Boie vertraute seinem Tagebuch am 15. Oktober 1774 an, Goethes *Doktor Faust* sei fast fertig. Karl Ludwig Knebel berichtete am 23. Dezember 1774 an Friedrich Justin Bertuch:

> „Ich habe einen Haufen Fragmente von ihm, unter andern zu einem Doktor Faust, wo ganz ausnehmend herrliche Szenen sind. Er zieht die Manuskripte aus allen Winkeln seines Zimmers hervor.“ [20]

Die Öffentlichkeit erfuhr durch den *Theater-Kalender auf das Jahr 1775* erstmals von dem Stück. Goethe legte im März 1775 Szenen des *Faust* Klopstock vor, die dieser wohlwollend aufnahm und darüber auch anderen beifällig berichtete. Im November 1775 brachte Goethe den *Faust* mit nach Weimar. Er las die Dichtung

---

19 Gotter: *Gedicht*. In: BA 2, S. 695.
20 Zitiert nach: Bode, Bd. 1, S. 93.

vor, die Freunde waren begeistert.[21] Auch außerhalb Weimars wartete man gespannt auf das Stück.[22] Goethe arbeitete aber die ersten zehn Jahre in Weimar nicht mehr daran. Gedruckt wurde das Stück zu dieser Zeit nicht.

Zehnjährige Schaffenspause

Goethe kam 1788 aus Italien zurück, ohne den *Faust* beendet zu haben, und so entschloss er sich 1789, das Stück als Fragment zu veröffentlichen. 1790 erschien es im 7. Band der *Schriften*. Die Ursachen für diesen **erneuten Abbruch** waren einmal, dass die Rückkehr nach Deutschland ernüchternd und deprimierend war. Aus dem „formreichen" Italien kam er „in das gestaltlose Deutschland zurück (...), heiteren Himmel mit einem düsteren zu vertauschen; die Freunde, statt mich zu trösten und wieder an sich zu ziehen, brachten mich zur Verzweiflung (...) ich vermisste jede Teilnahme, niemand verstand meine Sprache."[23]

Rückkehr aus Italien

Dass *Faust. Der Tragödie Erster Teil* dennoch abgeschlossen wurde, hing mit der **Freundschaft mit Schiller** zusammen. Der drängte, mehr von dem Werk zu erfahren, als das Fragment anbiete. Goethe lehnte es aber 1794 ab, das Manuskript aufzuschnüren. Schiller blieb hartnäckig, 1798 schrieb er an Cotta, den Verleger:

Schillers Einfluss

> „Goethe hat an seinem *Faust* noch viel Arbeit, eh er fertig wird. Ich bin oft hinter ihm her, ihn zu beendigen, und seine Absicht ist wenigstens, dass dieses nächsten Sommer geschehen soll."[24]

---

21 Friedrich Leopold Graf zu Stolberg am 6. Dezember 1775 an seine Schwester Henriette Gräfin von Bernstorff: „Einen Nachmittag las Goethe seinen halbfertigen *Faust* vor. Es ist ein herrliches Stück. Die Herzoginnen waren gewaltig gerührt bei einigen Szenen." Zitiert nach: Bode, Bd. 1, S. 148.

22 Der österreichische Staatsmann Tobias Philipp Freiherr von Gebler, der selbst auch Dramatiker war, schrieb an Christoph Friedrich Nicolai am 9. Dezember 1775, er sei „begierig", den *Faust* zu sehen. Vgl. Bode, Bd. 1, S. 148.

23 Goethe: *Schicksal der Handschrift*. In: BA 8, S. 756.

24 Bode, Bd. 2, S. 139.

Goethe wandte sich am 22. Juni 1797 wieder dem Manuskript zu und entwarf das Werk in seiner endgültigen Gestalt. Als 1800 erneut Stillstand drohte, stachelte Schiller den Verleger auf, „anlockende Offerten" zu machen und Goethe dadurch zum Abschluss zu zwingen.[25] Bis 1801 entstanden der Osterspaziergang, die Disputationen Fausts mit Mephistopheles und die Paktszene, die Walpurgisnacht und anderes. Die Paktszene und das Teufelsbündnis finden sich erst in der endgültigen Fassung; sie sind das Kernstück der Legende und des Volksbuches von Faust. Goethe tat sich schwer damit und deutete sie in *Faust. Ein Fragment* nur in zwei Versen an (V. 345 f.). Die Schwierigkeit entstand daraus, dass Goethes moderner Faust eine säkularisierte Variante des Stoffes ist: Einerseits hat er das christliche Jenseits bereits so weit aufgegeben und höllischer Seelenbehandlung abgesagt, dass eine Wette eigentlich wirkungslos wurde. Andererseits war er noch so stark der christlichen Erlösungslehre verhaftet, dass er seine Seele verpfänden und die Wette geschlossen werden konnte.

Wende zur Klassik

Vorhandene Merkmale des Sturm und Drang wurden durch Merkmale der entstehenden Klassik ersetzt. Was einst als neu empfunden wurde, die Deutlichkeit der Prosa und ihre ungeglättete Natürlichkeit, war nun störend:

> „Ein sehr sonderbarer Fall erscheint dabei [bei der Weiterarbeit am *Faust*, R. B.]: Einige tragische Szenen waren in Prosa geschrieben, sie sind durch ihre Natürlichkeit und Stärke, in Verhältnis gegen das andere, ganz unerträglich. Ich suche sie deswegen gegenwärtig in Reime zu bringen, da denn die Idee wie durch einen Flor durchscheint, die unmittelbare Wirkung des ungeheuern Stoffes aber gedämpft wird."[26]

---

25 Ebd., S. 161.
26 Goethe am 5. Mai 1798 an Schiller. In: BA 8, S. 677.

Will Quadflieg als Faust und Gustaf Gründgens als Mephisto im Theaterfilm *Faust* (BRD1960) © Cinetext

1802 zweifelte Schiller erneut am Abschluss und kündigte Cotta an, wenn es doch dazu komme, werden „seine Forderungen (...) groß sein“ [27]. Goethe sei vor allem rücksichtslos gegenüber den Verlegern und Buchhändlern, keiner sei mit ihm zufrieden und er sei mit keinem zufrieden gewesen: „Liberalität gegen seine Verleger ist seine Sache nicht.“ [28] Dass dann der *Erste Teil* fertig wurde, hing mit der dreizehnbändigen neuen Werkausgabe zusammen, die bei Cotta erscheinen sollte. Für sie schloss Goethe den *Ersten Teil* im April 1806 ab, der zur Ostermesse 1808 erschien.

---

27 Bode, Bd. 2, S. 219.
28 Ebd.

3.2 Inhaltsangabe

ZUSAMMENFASSUNG

Der Tragödie erster Teil gehen eine *Zueignung*, das *Vorspiel auf dem Theater* und der *Prolog im Himmel* voraus, deren wesentliches Ergebnis die Wette um Faust zwischen dem Herrn und Mephisto ist. In 25 Szenen (*Urfaust* 21 Szenen) wird der das Wissen seiner Zeit beherrschende Faust auf der Suche nach neuen Erkenntnissen und Erlebnissen begleitet. Um seine Ziele zu erreichen, die mit menschlichen Mitteln nicht zu erreichen sind, geht er mit Mephistopheles, dem Gegenspieler Gottes, einen höllischen Pakt ein, der ihm alles verspricht bis zu dem Augenblick, in dem Faust einer Erfüllung Dauer verleihen will. Dann verfällt seine Seele dem Teufel (Gelehrten-Drama). Mephisto hat allerdings nur die Angebote einer kleinen Welt zu bieten, zu der auch Gretchen gehört (Gretchen-Drama). Faust verliebt sich in das Mädchen und verführt sie; Gretchen wird schwanger und als Kindesmörderin verurteilt (Motiv des Sturm und Drang). Faust entflieht mit Mephisto.

Zueignung

Vor *Der Tragödie Erster Teil* stehen drei Texte. Der erste ist das am 24. Juni 1797 entstandene Widmungsgedicht eines lyrischen Ichs mit dem Titel *Zueignung*. Das Gedicht in **Stanzen** ist ein Selbstgespräch des Dichters oder seine **fiktive Ansprache an die Gestalten**, die in das Stück Eingang gefunden haben („Ihr naht euch wieder …"). Gleichzeitig wird mit dieser Eröffnung Geheimnisvolles und Unheimliches, das die Gestalt des historischen Faust umgibt, auf den Dichter übertragen, der seine Gestalten beschwört wie Faust die Geister. Elegische Züge, Trauer über eine verlorene

Zeit, bestimmen das Gedicht. Erlebtes – die Liebe zu Friederike Brion ebenso wie die Straßburger Freundschaften mit den „Guten“, die „vor mir hinweggeschwunden“ (V. 16) – kann erinnert und als Kunstwerk erweckt, aber nicht nochmals gelebt werden:

Vorspiel auf dem Theater

Ehe der Zuschauer die theatralische Handlung erlebt, nehmen die das Wort, die eine Aufführung zu verantworten haben: **Direktor, Theaterdichter und lustige Person**. Der Zuschauer wird Zeuge, wie ein Stück ausgewählt und vorbereitet wird; die Bühne verliert ihren Illusionscharakter. Die Situation wird einer Wanderbühne gerecht, die nach einem aufführbaren Stück sucht. Das Theater ist gesellschaftliches Ereignis und praktisch zu lösende Arbeit. Der Direktor der Wanderbühne erwartet vom Dichter ein der „Menge“ (V. 37) gefallendes Stück, um hohe Einnahmen zu erzielen. Der Dichter muss um der Kunst willen gerade jene Menge vergessen, „bei deren Anblick uns der Geist entflieht“ (V. 60). Am bemerkenswertesten ist die **„Lustige Person“**, die Gottsched und die Neuberin[29] zu dieser Zeit von der Bühne verbannt hatten. Goethe konnte sich jedoch auf den für ihn auch bei der Entstehung des *Götz von Berlichingen* wichtigen Justus Möser berufen, der 1761, verbessert 1777, den **Harlekin** verteidigte, denn ihn liebe das Volk.[30] Jede der drei Gestalten steht für eine Position Goethes, der selbst Theaterdirektor, Dichter und Schauspieler war. Zeitgleich mit der Arbeit am *Urfaust* beklagte er in einem Brief an Salzmann, dass „Gottschedianismus, Sittlichkeit und Langeweile“ im Theater herrschten, seit der Hanswurst vertrieben worden sei.[31] Im *Vorspiel* verkündet die „Lustige Person“ die künstlerischen Prinzipien, die für das Stück gelten sollen. Am

Die „Lustige Person“

---

29 Friederike Caroline Neuber, genannt „die Neuberin“ (1697–1760), Schauspielerin und Leiterin einer eigenen Theatertruppe; Mitbegründerin des deutschen Schauspiels.

30 Vgl. Justus Möser: *Harlekin, oder Vertheidigung des Groteske-Komischen*. Bremen 1777. Neudruck: Bad Homburg, 1968.

31 Goethe: *Dichtung und Wahrheit*. In: BA 13, S. 1005.

Ende des Vorspiels wird auf die Dialektik als Prinzip des Denkens und damit als Methode für das Verständnis des Stückes hingewiesen: „Und wandelt mit bedächt'ger Schnelle/Vom Himmel durch die Welt zur Hölle." (V. 241 f.) Einmal ist es ein Widerspruch in sich, der durch Antonyme gebildet wird: Bedächtigkeit – Schnelle. Zum anderen wird der nicht mehr überbietbare **Gegensatz von Himmel und Hölle** genannt, zwischen dessen Polen die Welt steht, beeinflusst von beiden, korrespondierend mit beiden.

Verweis auf Dialektik als Prinzip des Denkens

Im *Prolog* (Vorspiel) berichten die drei Erzengel dem Herrn über den Zustand seiner Schöpfung und blicken dazu vom Himmel auf die Sonne, die Erde und die Naturgewalten; alles bestätigt den Willen des Herrn, der Ordnung geschaffen hat. Sprech- und Haltungsprinzip der Erzengel folgen der Sphärenharmonie – der durch die sich in Kristallschalen bewegenden Gestirne entstehende Klang, der zu höchstem Pathos und schönem Reim führt. Die Erzengel stimmen das Hohe Lied auf die Schöpfung und die Unergründlichkeit des Herrn an: „Und alle deine hohen Werke/ Sind herrlich wie am ersten Tag." (V. 269 f.) Mephisto hat sich eingefunden, um beim Herrn das irdische Treiben als misslungene Schöpfung zu kritisieren. Er berichtet von den Menschen: „Von Sonn' und Welten weiß ich nichts zu sagen./Ich sehe nur, wie sich die Menschen plagen." (V. 279 f.) Der Herr, verwöhnt von der Huldigung der Erzengel, ist missmutig über Mephistos Kritik und geht mit ihm eine Wette ein: Faust, so meint der Teufel, verlasse den Herrn und folge ihm, dem Teufel, sein geistiges Streben als sinnlos erachtend und durch Lebensgenuss ersetzend. Der Herr hält dagegen und vertraut der Dauer des himmlischen Werdens und seiner Schönheit. Die Wette trägt von Beginn an Mephistopheles' Niederlage in sich, denn der Herr gibt dem Teufel auf Faust nur so

Prolog im Himmel

Wette zwischen Gott und Teufel

lange Einfluss, „So lang er auf der Erde lebt“ (V. 315). Mit seinem Tode, das akzeptiert Mephisto, erlischt die Wette. Das Gespräch zwischen dem Herrn und Mephisto über Faust ist angelegt wie das Gespräch Gottes mit dem Satan im Buch Hiob 1, 6–12 der Bibel. Goethe folgte diesem Gespräch bis in sprachliche Details (Faust ist Gottes „Knecht“, V. 299), wie er Eckermann später gestand: Die Ähnlichkeit der Exposition des Faust mit Hiob sei ihm „ganz recht, und ich bin deswegen eher zu loben als zu tadeln“[32]. Die Hiob-Beziehung war dem Publikum vertraut. Der Herr ist ohne Mephistopheles nicht vorstellbar und umgekehrt. Mephistopheles und der Herr spiegeln sich andererseits in Faust.

Der Tragödie Erster Teil

Nacht, Vor dem Tor, Studierzimmer I, Studierzimmer II

Faust bemüht sich in der Nacht vor Ostern, Geister in seinen Dienst zu zwingen, um zu neuen Erkenntnissen zu gelangen. Ein Selbstmordversuch Fausts wird durch den Beginn eines Osterspiels abgebrochen. Auf ihrem Osterspaziergang mischen sich Faust und sein Famulus Wagner unters Volk. Heimkehrend stellt sich ein begleitender Pudel als Mephistopheles (Mephisto) heraus, mit dem Faust einen Pakt schließt, der ihm seine Wünsche erfüllen soll, während Faust seine Seele an den Teufel verliert, wenn er dem erfüllten Augenblick Dauer verleihen will.

Nacht

Faust sitzt in einem „hochgewölbten, engen, gotischen Zimmer“ (vor V. 355): Die Wölbungen regen Gedanken an den Himmel an. Die gotischen Bogen sind Ausdruck künstlerischer Größe[33], die Enge zwingt zum Blick in die Höhe; die Architektur löst die

---

32 Eckermann, 18. 1. 1825.
33 Erinnert sei an Goethes Aufsatz über die Gotik *Von Deutscher Baukunst*, 1772.

Erinnerung an den **Makrokosmos** aus. Im Gegensatz zur himmelwärts strebenden Gotik ist Faust ein kleiner Mensch, der die irdische Enge seiner Umgebung als Kerker empfindet, zumal das „hohe Gewölb“ (V. 404) mit Büchern, Instrumenten und Hausrat vollgestellt worden ist. Mit Hilfe des Erdgeists will er sich aus geistiger Beschränkung befreien.– Der Zuschauer erlebt Faust als Wissenschaftler, der mit seinen Erkenntnissen unzufrieden und zudem einsam ist. Nachdem sich der Erdgeist – Goethe hat den Erdgeist als „Welt- und Taten-Genius“ bezeichnet[34] – Faust als Partner verweigert und eine Begegnung zwischen Faust und seinem Famulus Wagner nochmals Fausts Drang ins Unbekannte erkennbar macht, den er befriedigen möchte, spricht Faust seinen Monolog weiter. Er kommt zu dem Entschluss, das Erdendasein zu verlassen – „Zu neuen Ufern lockt ein neuer Tag.“ (V. 701) –, eine Grenzüberschreitung zu erzwingen, um „auf neuer Bahn den Äther zu durchdringen“ (V. 704).

Das Genie und der Gelehrte

Beinahe-Selbstmord

Vor dem Tor

Chöre der Engel, der „Weiber“ und der Jünger, Teil eines Osterspiels von der Auferstehung Jesus Christus, verhindern Fausts Selbstmord. Ostern als Zeit der erwachenden Natur und als „Frühlingsfeier“ (V. 780), die an die Kindheit erinnert, rettet Faust. Sein nach wie vor vorhandenes Drängen schafft Raum für die Wettsituation aus dem *Prolog im Himmel* und bereitet den Boden für die Wette zwischen Faust und Mephisto. Am Ende jedes Monologs steht eine Beschwörung. Faust beschwört im ersten Monolog die Geister der Tiefe, er wird im zweiten Monolog beschworen von den Engeln des Himmels, und am Ende seines Monologs beim Osterspaziergang beschwört Faust das Ideal eines Gesellschaftszustandes, das nicht vorhanden ist. – Das Volk zieht anlässlich des Osterfestes ins Freie und in die Ausflugsgaststätten hinaus. Aus

Osterspaziergang

---

34 Goethe: *Schema zur gesamten Dichtung.* In: BA 8, S. 560.

den „Spaziergängern aller Art“ (vor V. 808) werden Handwerksburschen, Dienstmädchen, Schüler und Bürgermädchen – die Jungen –, die zwischen Bettlern und Bürgern – den Alten – stehen. Soldaten beschließen singend die Revue, dic dic Eroberung von Burgen der von Mädchen gleichsetzen; sie stehen nicht für Krieg und Tod, sondern für das bunte farbenprächtige Bild aus dem Volksleben. Die verschiedenen Stände und sozialen Gruppen erinnern an die Maskenzüge, für die Goethe Text und Ablauf am Weimarer Hof zu schreiben hatte. Mit Wagner unternimmt auch Faust einen Osterspaziergang und wird von den feiernden Bauern begrüßt und geehrt. Die von Faust erkannte **Auferstehung von Natur und Mensch** ist teilweise eine Illusion, denn **Spießigkeit und Beschränktheit der Bürger** stehen ihr entgegen. Die Bürger haben ihre größte Freude, „wenn hinten, weit, in der Türkei,/Die Völker aufeinander schlagen./Man steht am Fenster, trinkt sein Gläschen aus/Und sieht den Fluss hinab die bunten Schiffe gleiten“ (V. 862 ff.). Diese Meinung wird von einem weiteren Bürger bestätigt: Der Tod anderer und die Wirren der Welt sind bedeutungslos, die Hauptsache ist, „zu Hause bleib’s beim Alten“ (V. 871). Dahinter verbirgt sich die reale Gefahr der Bedrohung Europas durch die Türken, die unter Suleiman II. 1521 Belgrad eroberten und danach bis nach Wien vordrangen.

Bestätigt wird Faust scheinbar durch die Bauern und ihre Harmonievorstellungen: „Bauern unter der Linde. Tanz und Gesang.“ (vor V. 949) Das Leben der Bauern ist von derb-rustikaler Natürlichkeit. Faust, ein „Hochgelahrter“ (V. 984) für das Volk, hat an der Seite seines Vaters die Bauern einst der Seuche entrissen und sich dadurch Dankbarkeit erworben, die Faust jedoch wie „Hohn“ (V. 1030) klingt, denn im Kampf gegen die Pest hätten sie „schlimmer“ als diese „getobt“ (V. 1052). So wie Fausts Sicht auf die Welt eine Illusion ist, so sind es auch Vorstellungen der Welt von Faust.

Die scheinbar harmonischen Beziehungen zwischen der Welt und Faust sind voller Irrtümer. – Faust spricht zu Wagner über seinen Vater, der Arzt war und sich der Alchemie verschrieben hatte. Ein alter Bauer hatte ihn ehrenvoll erwähnt.[35] Während Faust eine schöne Welt („dieser Stunde schönes Gut", V. 1068) entwirft, die nicht mit den tatsächlichen Ereignissen übereinstimmen, beruft sich Wagner („… solchen Trieb hab ich noch nie empfunden", V. 1101) auf die sorgfältige wissenschaftliche Arbeit mit Buch und Pergament. Faust möchte fliegen können, ein „Zaubermantel" solle ihn in fremde Länder tragen. Nach diesem Stichwort streift ein „schwarzer Hund durch Saat und Stoppel" (V. 1147), der sich zu ihnen gesellt. Wagner hält ihn für unwichtig; Faust ahnt den teuflischen Charakter („ein Feuerstrudel", V. 1154). Wagner wird solcher Verführung nie ausgesetzt sein, da er nur wissenschaftlichen Quellen folgt.

Der „Pudel"

Faust ist mit dem Pudel in sein *Studierzimmer* zurückgekommen. Er will in die Welt seiner Wissenschaft zurückkehren, stellt aber eine besondere Unruhe des Pudels bei „den heiligen Tönen" (V. 1202) fest. Faust fühlt sich nach dem österlichen Auferstehungserlebnis zur Übersetzung der Bibel gedrängt. Die Szene erinnert an Luther, der als Junker Jörg auf der Wartburg das Neue Testament übersetzte. Der Pudel wird störender und, als Faust das Gastrecht aufheben will, quillt er zum höllischen Wesen, das Faust mit dem Kruzifix (V. 1306 ff.) und mit dem „dreimal glühende(n) Licht" (V. 1319), dem Zeichen der heiligen Trinität, beschwört. Aus dem Pudel wird Mephistopheles, „gekleidet wie ein fahrender

Studierzimmer

„Des Pudels Kern"

---

35 In die Figur von Fausts Vater sind verschiedene Vorgänger eingeflossen. Faust stammte möglicherweise aus einer bäuerlichen Familie. Paracelsus' Vater war dagegen Arzt und ein Lehrer Fausts. Auch wurde an Johann Friedrich und seinen Sohn Christoph Wilhelm Hufeland gedacht, die in Weimar als Seuchenärzte Großes leisteten. Sie setzten Quecksilberpräparate ein, wie sie von Faust in den V. 1042 ff. beschrieben werden, und sahen deren Gefährlichkeit erst nach Misserfolgen ein.

Scholasticus“ (vor V. 1322). Er kann das Zimmer nicht verlassen, ein **Pentagramm** verhindert es: Ein offener Winkel ließ ihn hereinkommen, aber die geschlossenen anderen Winkel verhindern seinen Abgang; dadurch ist er zu Fausts Gefangenem geworden. Als Faust erkennt, dass in der Hölle Recht und Gesetz herrschen – „Die Hölle selbst hat ihre Rechte“ (V. 1413) –, denkt er an einen Pakt: „(…) da ließe sich ein Pakt,/Und sicher wohl, mit euch, ihr Herren, schließen?“ (V. 1414 f.) Doch Mephistos Geister versenken Faust in einen Traum von einer **arkadischen Landschaft**, die ein Gegenstück zur gotischen Architektur („Wölbungen“, V. 1448) und zur Fluss- und Auferstehungs-Landschaft des Osterspaziergangs (Inseln, „die sich auf Wellen/Gaukelnd bewegen“, V. 1488 ff.) ist. Sie ist lieblich, inselhaft, heiter und gesellig; die Menschen in ihr sind bei Liebes- und Gesellschaftsspielen, bei Tanz und Zerstreuung, nicht aber bei Arbeit und Erkenntnisstreben. Mephisto, der inzwischen verschwunden ist, nachdem er sich von einer Ratte das Pentagramm hat aufnagen lassen, will Faust mit sinnlichen Abenteuern locken.

Gustaf Gründgens als Mephisto, im Hamburger Schauspielhaus (1957)

Faust erwacht in seinem *Studierzimmer* aus dem Traum und fühlt sich erneut betrogen, aber Mephistopheles kehrt zurück. Um für einen Pakt mit dem Teufel frei zu sein, sagt sich Faust von Bildungserlebnissen und Traditionen los: von der Erlösung durch das Osterspiel, vom christlichen Wertekanon Glaube, Liebe, Hoffnung, vom Wohlleben, von Schönheit und Besitz, von „kühnen Taten“, von der Kindheit und vor allem von

„der Geduld“ (V. 1606). Faust ist frei für den Pakt. – **Kernstück der Wette** ist, dass Mephisto „hier“ Faust zu Diensten sein will, während Faust ihm „drüben“ Gleiches tun soll. Faust, für den es kein Drüben gibt („Das Drüben kann mich wenig kümmern“, V. 1660), vertraut auf seinen unersättlichen Erkenntnisdrang, der ihn ruhelos sein lässt, und kann deshalb anbieten:

Pakt mit dem Teufel

> „Werd ich zum Augenblicke sagen:/Verweile doch! du bist so schön!/Dann magst du mich in Fesseln schlagen,/Dann will ich gern zugrunde gehn!“ (V. 1699 ff.)

Die Szene wird im akademischen Bereich mit der Schüler-Szene fortgesetzt. Mephisto in der Rolle Fausts unterweist den Schüler voller Ironie und Satire in den vier Fakultäten, um schließlich die Medizin als Verführung der „Weiber“ (V. 2023) zu empfehlen. Mephisto will erneut **Wissenschaftlichkeit durch Lebensgenuss verdrängen**. Faust, der sich inzwischen umgezogen hat, und Mephisto brechen zum „neuen Lebenslauf“ Fausts (V. 2072) in die „kleine“ Welt auf (V. 2053). Dazu bietet Mephisto einen fliegenden Mantel, wie ihn Faust wünschte („Ja, wäre nur ein Zaubermantel mein!“, V. 1122) mit moderner Ausstattung an: „ein wenig Feuerluft“ (V. 2069), – der zeitgenössische Heißluftballon (Montgolfiere) erhob sich 1783 in die Luft –, wird von Mephisto bereitet.

Schüler-Szene

Auerbachs Keller in Leipzig, Hexenküche

Faust wird von Mephisto durch die kleine Welt geführt, erlebt in Leipzig studentische Trinkgelage und wird in einer Hexenküche verjüngt. Dort sieht er erstmals die schönste Frau, die er von nun an begehrt. Vorläufig wird Margarete an ihre Stelle treten.

Auerbachs Keller in Leipzig

Die Szene setzt die Gelehrten-Handlung fort: In Leipzigs „Auerbachs Keller" vertreiben sich „lustige Gesellen" (vor V. 2073) den Abend. Sie pflegen den studentischen Kommers (Trink- und Saufgelage nach Regeln[36]) und tragen „Biernamen" (Frosch, Siebel, Brander, Altmayer). **Die akademische Welt** ist erstarrt, inhaltslos und bringt keine neuen Erkenntnisse ein. Die Wissenschaften sind sinnentleert und oberflächlich. Die Studenten sind ebenso betrunken wie säuisch; ihre Dummheit lässt nur Platz für nationalistisches Denken. Teuflischem Einfluss ausgesetzt, werden sie schnell rabiat: „Ein echter deutscher Mann mag keinen Franzen leiden" (V. 2272). Im Alkoholrausch singen sie enthemmt: „Uns ist ganz kannibalisch wohl,/Als wie fünfhundert Säuen." (V. 2294) Mephisto versorgt die Studenten mit Wein – im *Urfaust* ist es Faust – und weist Faust, an den Monolog während des Osterspaziergangs erinnernd, ironisch darauf hin: „Das Volk ist frei, seht an, wie wohl's ihm geht!" (V. 2295) und bezieht die Folge ein: „(...) die Bestialität/Wird sich gar herrlich offenbaren." (V. 2297 f.) Als die Studenten den Betrug mit dem Wein erkennen, haben Mephisto und Faust den Keller verlassen.

Studentisches Saufgelage

Hexenküche

Die Szene bereitet die *Hexenküche* und *Walpurgisnacht* vor, die Welt Mephistos: Einer der Zecher (Siebel) spricht vom Blocksberg (V. 2113), das ist der Brocken im Harz. Faust soll sich in der Hexenküche vom alternden Wissenschaftler zum jugendlichen Liebhaber um 30 Jahre verjüngen. Vor dem Höhepunkt der **Verjüngung** aber erscheint Faust „das schönste Bild von einem Weibe" (V. 2436), die nackte Helena; nun drängt er auf die Veränderung. Ursprünglich gehörte eine Szenenfolge zu Helena, die später in *Faust II* einging.

Die schönste Frau: Helena

---

36 Einige der Regeln werden genannt: Runda singen – einen Rundgesang mit dem Kehrvers „Runda dinelle" singen; einen Papst erwählen – Mannbarkeit- und Saufzeremonie, um den höchsten Rang „Papst" zu verleihen

Der Verjüngungstrank wird zum Liebestrank; das ist der ernsthafte Vorgang der Szene. Die meisten anderen Ereignisse sind Satire und närrisches Spiel, wie das Hexeneinmaleins (vgl. V. 2540 ff.), das Goethe gegenüber seinem Sekretär Eckermann als „dunkele Sprache" bezeichnete (28. März 1827). Dahinter verbirgt sich ein traditionelles **magisches Quadrat**, das Planetensiegel Sigillum Saturni:

10	2	3
0	7	8
5	6	4

Die Quersumme beträgt stets 15, alle 9 Zahlen sind Eins (ein Quadrat). Damit sind alle Zahlen von 0–10 vertreten. – Das Verjüngungsmittel bewirkt, dass Faust „mit diesem Trank im Leibe,/Bald Helenen in jedem Weibe" sieht (V. 2603 f.). Der Eintritt in die Gretchenhandlung ist vorbereitet.

Hexeneinmaleins

Straße, Abend, Spaziergang, Der Nachbarin Haus, Straße, Garten, Gartenhäuschen, Wald und Höhle, Gretchens Stube, Marthens Garten

Faust lernt Margarete kennen und verliebt sich in sie. Margarete wird mit Schmuckgeschenken von Mephisto für Faust eingenommen und sucht Rat bei der Nachbarin Marthe. Die wird von Mephisto als Kupplerin gewonnen. Faust soll „falsch Zeugnis" ablegen, dass der Mann der Nachbarin in Padua gestorben ist. Im Garten Frau Marthes treffen sich Faust und Margarete; in einem Gartenhäuschen tauschen sie Zärtlichkeiten aus. Faust spürt durch die Liebe zu Gretchen eine mögliche Läuterung, kann sich aber von der durch Mephisto ausgelösten Begierde „zu ihrem süßen Leib" (V. 3328) nicht befreien. Gretchen sehnt sich nach sinnlicher Erfüllung mit Faust, will aber zuvor noch Fausts Glauben prüfen, ob er ihr darin ähnlich sei. Sie verabreden sich für die Nacht.

Straße

Faust spricht Margarete auf der *Straße* einer kleinen Reichsstadt[37] nach ihrem Dombesuch an und bietet dem „Fräulein" dreist „Arm und Geleit" (V. 2606) an. Das ist für die Zeit unziemlich und muss Margarete verwirren. Die Szene erinnert an des Prinzen von Guastalla Begegnung mit Emilia Galotti nach deren Besuch der Messe in Lessings *Emilia Galotti* (1772), von Goethe hoch gelobt, weil „die Leidenschaften und ränkevollen Verhältnisse der höheren Regionen schneidend und bitter geschildert sind"[38]. Faust nennt sie „Fräulein", was nach der ständischen Ordnung nur Adligen zusteht. Bürgerliche Mädchen wurden mit „Jungfer" angeredet. – Als sich Margarete Faust entzieht („Bin weder Fräulein, weder schön", V. 2607), beauftragt er Mephisto, ihm das Mädchen zu verschaffen.

Abend

Margarete sinnt am *Abend* über die Begegnung mit dem Herrn „aus einem edlen Haus" nach (V. 2681). – Faust erlebt während Margaretes Abwesenheit in ihrem Zimmer einen Wandel, fühlt „süße Liebespein" (V. 2689) und die Geborgenheit der Familie, die Schönheit des „eingebornen Engels" (V. 2712), und Margarete als „Götterbild" (V. 2716). Doch befreit er sich trotz der aufbrechenden Liebe nicht vom Verführungswunsch, Mephisto darf den teuflischen Schmuck bei Margarete verstecken. – Margarete ist von Faust beeindruckt. Ihre Gefühlswallungen verraten es. Sie besingt in der **Ballade vom König in Thule** die Treue des Königs zu seiner Buhle, der Geliebten.[39] Dass Margarete verführbar ist, erweist sich, als sie den

Ballade vom König in Thule

---

37 Goethe plante eine Einleitung zur Gretchen-Tragödie, von der Reste erhalten sind (Paralipomenon 38). Vgl. BA 8, S. 569.

38 Goethe: *Aus meinem Leben. Dichtung und Wahrheit*, BA 13, S. 612.

39 In der Ballade vom König in Thule ist „die Buhle" die neutrale und keinesfalls abwertende Bezeichnung für des Königs Geliebte. Diese Bedeutung ändert sich in dieser Zeit.

Schmuck aus Mephistos Kästchen anlegt. Mephisto wird allerdings geprellt und lässt auf einem *Spaziergang* seiner Wut freien Lauf: Margaretes Mutter hat den Schmuck zu einem Priester geschafft; der Kirche kommt nun Teufelswerk zugute. Faust fordert von Mephisto neuen Schmuck, um Margarete zu „kaufen". – In *der Nachbarin Haus* beklagt Marthe ihr Schicksal; ihr Mann hat sie allein gelassen. Sie erscheint mit den ersten Worten als eine sinnliche Frau. Gretchen sucht bei ihr Unterstützung, nachdem sie das zweite Schmuckkästchen gefunden hat. Eitelkeit und Putzsucht sind an Gretchens Verhängnis beteiligt. Mephisto tritt mit ironisch-satirischen Auskünften über Frau Marthes Mann hinzu („Ihr Mann ist tot und lässt Sie grüßen." V. 2916) und geht mit Gretchen ebenfalls wie mit einem „Fräulein" um (V. 2906). Doch ist für ihn der Begriff doppeldeutig: Als er Frau Marthe vom Tod ihres Mannes erzählt, weiß er von einem „schönen Fräulein" zu berichten (V. 2981), das nichts anderes als eine Hure war. Mit der Auskunft, er könne einen zweiten Zeugen – Faust – bringen, der den Tod von Frau Marthes Ehemann bestätige – damit wäre Frau Marthes dringlicher Wunsch nach einem Totenschein erfüllt –, erreicht er ein Treffen am Abend im Garten.

Spaziergang

Der Nachbarin Haus

Mephisto bereitet bei einem Gespräch auf der *Straße II* den drängenden Faust auf die kommende Begegnung mit Gretchen und Frau Marthe vor. Faust weigert sich anfangs, den Tod von Frau Marthes Mann zu bezeugen, willigt aber ein, nachdem ihm Mephisto verdeutlicht hat, wie oft er schon als Wissenschaftler „falsch Zeugnis" (V. 3042) abgelegt hat.

Straße II

Marthe und Mephisto verkuppeln im *Garten* Faust und Margarete. Die entstehende Liebesbeziehung wird für Margarete zum körperlichen Erlebnis: Als sie sich an die erste Begegnung mit Faust erinnert, läuft ihr ein „Schauer übern ganzen Leib" (V. 2757). Nachdem sie sich jetzt ihre Liebe gestanden haben, „überläuft" sie's (V. 3187). Die sinnlich-sexuelle Erfüllung, „sich hinzugeben ganz"

Garten

(V. 3191), wünschen beide. Ihre ersten Zärtlichkeiten tauschen sie in einem *Gartenhäuschen* aus. Mephisto und Marthe drängen auf Abschied und Trennung.

Ein Gartenhäuschen

Wald und Höhle

Faust, allein in *Wald und Höhle*, begrüßt in einem Monolog die Einbindung in die Natur und die Kraft, „sie zu fühlen" (V. 3221), wie sie der Erdgeist („erhabner Geist", V. 3217)[40] verkündet hatte. Selbst die Tiere werden zu „Brüdern/Im stillen Busch, in Luft und Wasser" (V. 3226 f.). Fausts Monolog korrespondiert mit der *Zueignung*. Faust hat den Genuss der lebendigen Natur bekommen, den er nicht Mephisto, sondern seiner Liebe zu Gretchen verdankt. Die Liebe hat ihm ein Welterlebnis verschafft, wie er es als nach Erkenntnis suchendes Genie anstrebte. Bedroht wird dieses Erlebnis eines sich erkennenden Menschen durch die zerstörerische Begierde nach „jenem schönen Bild" (V. 3248). An die Stelle des Strebens nach Erkenntnis tritt der **Wechsel von Begierde und Genuss**. Die beiden ringen in Fausts Brust miteinander, ähnlich den zwei Seelen, die den Pakt mit dem Teufel auslösten, aber auf niedrigerer Ebene. Es kommt zum geistigen Zweikampf zwischen Faust und Mephisto. Während Faust seine Liebe zu Gretchen ins Feld führt, treibt Mephisto zur sexuellen Erfüllung („Ihr sollt in Eures Liebchens Kammer", V. 3343). Margarete in *Gretchens Stube* sehnt die sinnliche Erfüllung herbei; sie hat ihr seelisches Gleichgewicht verloren. Die Emotionalisierung der Situation wird auch darin deutlich, dass Goethe jetzt „Margarete" durch „Gretchen" ersetzt. Ist es bei Faust das Verlangen nach dem Genuss, um die Begierde zu befriedigen, so ist es bei Gretchen eine Regung na-

Gretchens Stube

---

40 Die Szene spielt in mehrfacher Hinsicht eine besondere Rolle: Der angesprochene Geist wird als Erdgeist (Buchwald, S. 134; Lösch, S. 96) und nicht als „Riesengott Pan", der nicht identisch mit dem Erdgeist sei (Gaier, S. 163), verstanden. Zwischen diesen Polen gibt es zahlreiche Variationen. Die Szene fällt durch ihren Rhythmus auf, der nicht vom Knittelvers stammt, sondern den klassischen Blankvers (fünffüßigen Jambus) nutzt.

türlicher Liebe zu Faust. Ausdruck ihrer Natürlichkeit, aber auch ihres Seelenzustands ist das Volkslied („Mein Ruh ist hin"), das sie singt.

Marthens Garten

Wieder treffen sich Faust und Gretchen in *Marthens Garten*. Gretchen will sich über die moralische Lauterkeit Fausts informieren und stellt ihre Frage, die als **„Gretchenfrage"** berühmt geworden ist: „Nun sag, wie hast du's mit der Religion?" (V. 3415) Sie will doppelte Sicherheit: Den gleichen katholischen Glauben wie sie soll der Geliebte haben. Die Gleichheit des Glaubens ist wichtig für Gretchens Zukunft, wäre eine Ehe doch die logische Folge ihrer Hingabe. Faust weicht einer Antwort aus, ist Glaube ihm, der nach Wissen strebt, doch suspekt und bedeutungslos. Gretchen warnt Faust vor Mephisto, vor dem sie, die reine Jungfrau, „ein heimlich Grauen" (V. 3480) hat. Beide vereinbaren ein nächtliches Treffen; Margarete wird ihrer Mutter ein Schlafmittel, das ihr Faust gibt, einflößen.

Am Brunnen, Zwinger, Nacht, Dom

Am Brunnen erfährt Gretchen, dass eine ihrer Freundinnen schwanger ist; Gretchen bedauert sie und ahnt ihr eigenes Schicksal. Vor einer Mater dolorosa bittet Gretchen um Rettung aus ihrer Not. Valentin, Gretchens Bruder, fällt im Duell mit Faust. Gretchen wird im Dom an ihre dreifache Schuld erinnert.

Am Brunnen

Die Liebesnacht mit Faust ist vorüber. Gretchen erfährt *Am Brunnen*, dass eine ihrer Freundinnen schwanger ist und von ihrem Freund verlassen wurde. Sie ahnt, ihr könnte Gleiches geschehen. Der Spott der Wasser holenden Mädchen würde sie treffen, zumal sie in früherer Zeit Verstöße gegen die bürgerliche Sexualmoral „tapfer" geschmäht (V. 3577) hat. Doch bereut sie ihre Hingabe an Faust nicht. Sie sucht Hilfe in der Religion und bei Gott.

Zwinger

Vor einem Bild der Mater dolorosa (Schmerzensmutter) am Rande der Stadt im *Zwinger* bittet sie im dreiversigen Gebet (mit Versatzstücken aus *Stabat mater* von Jacopone da Todi) und schließt die Schilderung ihrer Not an. Ihre Verse werden unruhig, verlassen das vertraute Versmaß und gipfeln in einem **Aufschrei**.

Nacht

In der *Nacht* lauert Gretchens Bruder Valentin, enttäuscht über seine Schwester, ihrem Verführer auf. Mephisto hat ein **Spottlied für Gretchen** übrig: Sie hätte Faust nur „mit dem Ring am Finger" (V. 3697) gehören dürfen. Valentin fordert Faust zum Kampf. Dessen Klinge, geführt von Mephisto, trifft Gretchens Bruder tödlich. Der verflucht mit seinen letzten Worten seine Schwester. Ihr böser Geist folgt Gretchen bis in den *Dom*, wo sie für ihre Mutter beten will, und erinnert sie an ihre dreifache Schuld: An dem Schlaftrunk ist die Mutter gestorben; der Bruder Valentin wurde auf ihrer „Schwelle" (V. 3789) erstochen, und sie ist unverheiratet schwanger. Der Chor singt Teile des **„Dies irae"**[41] von Thomas von Celano. Die Strophen 1, 6 und 7 übernahm Goethe, einige Verse werden variiert zitiert (V. 3800–3807). Der Gedanke an das Jüngste Gericht und dessen Strafen zerrüttet Gretchen, die bisher streng nach dem Katechismus lebte. Sie bricht ohnmächtig zusammen.

Dom

Walpurgisnacht, Walpurgisnachtstraum

Mephisto will Faust, der durch den Tod Valentins schuldig geworden ist, in der Walpurgisnacht in einen Rausch von Sinnlichkeit versetzen. Beim Aufstieg auf den Brocken begegnen Faust ewiggestrige „alte Herrn" (V. 4072, eine Trödelhexe zeigt Faust die Attribute seiner Schuld (Schwert, Kelch, Schmuck; V. 4104 ff.). Faust lebt sich erotisch

---

41 Das Lied vom Jüngsten Gericht bildete einen Teil der Totenmesse. Im *Urfaust* war die Szene noch beschrieben als „Exequien der Mutter Gretchens", also als Toten- oder Seelenmesse auf die Mutter Gretchens.

mit einer jungen Hexe aus, sieht aber kurz darauf als „Zauberbild" das bestrafte Gretchen. Noch ehe Faust ihr zu Hilfe eilen kann, muss er sich auf dem Blocksbergtheater „ein neues Stück, das letzte Stück von sieben" (V. 4215), ansehen.

Die beiden Szenen bilden eine Einheit, indem sie die reale Welt zuerst ins Mythische, dann ins Ästhetisch-Literarische verlassen, um danach ins Reale zurückzukehren. Mephisto will Faust von Gretchen ablenken und die Bedrohung Fausts durch das Gericht wegen der „Blutschuld" (S. 129) an Valentin verdrängen. Er lockt Faust mit triebhafter Sinnlichkeit und **Sexualität**. Beide wandern in der Nacht vom 30. April zum 1. Mai auf dem Weg zum Brocken zwischen Schierke und Elend. *Walpurgisnacht* und *Walpurgisnachtstraum* gehören zu den **ironisch-satirischen Teilen** des Stückes und setzen die *Hexenküche* fort, wo sich Mephisto mit einer Hexe für Walpurgis verabredet hatte (V. 2589 f.). – Auf dem Weg zum Blocksberg genießt Faust den anbrechenden Frühling, von dem Mephisto nichts spürt. Sie treffen auf emigrierte Zeitgenossen, die vor der Französischen Revolution geflohen scheinen, waren doch die Jakobiner „die Jugend obenan" (V. 4076 ff.), und sie sind Beharrende („Ich lobe mir die guten Alten", V. 4081) wie die Bürger beim Osterspaziergang (V. 871). Die Beziehung Fausts zu Gretchen zieht als Trödelgeschichte des Verbrechens vorüber (Schmuck – Gretchen verführt, Schwert – Valentin erschlagen, Kelch – die Mutter vergiftet, V. 4104 ff.). Faust und Mephisto stürzen sich in wilde Leidenschaft, ausgelöst durch die Verführerin Lilith, Adams erste Frau[42] (V. 4118), die zur Geliebten des obersten Teufels wurde. Faust und eine junge Hexe tanzen, was Faust

Walpurgisnacht

Die Verführerin Lilith

42 Durch Lilith löst sich ein Widerspruch der Schöpfungsgeschichte: In 1. Mose 1, 27 schafft Gott einen Mann und ein Weib und schließt die Schöpfung ab. In 1. Mose 2, 21 f. formte Gott aus Adams Rippe ein zweites Weib, Eva.

zu Bildern aus dem *Hohen Lied*, der biblischen Liebesdichtung (V. 4128–31), anregt.[43] Mephisto und die alte Hexe ergötzen sich in obszönen Beschreibungen, die in Drucken oft nicht ausgeschrieben werden[44] und heftig umstritten waren. Faust sieht unter den Erscheinungen Gretchen mit den „Augen einer Toten" (V. 4195), und „ein einzig rotes Schnürchen" (V. 4204) – Zeichen für eine Hinrichtung – schmückt ihren Hals. Ehe er sich darauf konzentrieren kann, beginnt ein Theaterspiel, „das letzte Stück von sieben" (V. 4215), so ist „allhier der Brauch".[45]

Walpurgisnachtstraum

Faust bekommt ein Spiel im Spiel *Walpurgisnachtstraum oder Oberons und Titanias goldne Hochzeit* und darin ästhetische Stationen vorgeführt. Künstler dominieren. Die Umkehrung ist beabsichtigt: In der Szene zuvor war der Künstler Proktophantasmist unter den Hexen zu finden. Nun ist eine junge Hexe, die an die Satansszenen erinnert („Drum sitz ich nackt auf meinem Bock", V. 4285), unter den Künstlern zu finden. – Das Zerwürfnis der Naturgötter Oberon und Titania wird am Ende von Ariel in Versöhnung aufgehoben: „Auf zum Rosenhügel!" (V. 4394)

Literatursatire

---

43 Die Brüste als Rehzwillinge, als Weintrauben und als Äpfel sind durchgehende Bilder im *Hohen Lied* Salomos. Vgl. 4.5, 7.4, 7.9., 7.13. und öfter. Auch die Verführung durch den Apfel der Erkenntnis wird angesprochen („schon vom Paradiese her", V. 4133).

44 In der Handschrift steht im Gegensatz zu den Drucken: „Der hatt ein ungeheures Loch;/So groß es war, gefiel mir's doch." (V. 4138 f.) und „Halt er einen rechten Pfropf bereit,/Wenn er das große Loch nicht scheut." (V. 4142 f.)

45 Sieben ist, wie die Drei, eine mythische Zahl, die sowohl zum Herrn gehört (sieben Tage der Schöpfung) als auch zum Teufel (die sieben Todsünden). Sie war bei den Ägyptern, Juden und Griechen eine heilige Zahl, was sich an zahlreichen Beispielen belegen lässt (jüdischer Leuchter, Wochentage, Sabbatjahr, Märchenelement u. v. a.), ist aber auch eine magisch heidnische Zahl. In der Alchemie war der Punkt im Sechsstern das Zeichen der Siebenheit und stand für das Gold. Der alchemistische Berg hatte sieben Gipfel mit sieben Göttern, Planeten oder Metallen usw. Aber auch das Satyrspiel des antiken Theaters war – nach Buchwald, S. 461 – ein siebtes Stück.

Trüber Tag. Feld; Nacht, offen Feld; Kerker

Faust hat von Gretchens Kindesmord und ihrem Aufenthalt im Gefängnis erfahren. Er zwingt Mephisto, ihn zu Gretchen zu bringen, und will sie befreien. Faust dringt in Gretchens Gefängnis ein, aber als sie Mephisto sieht, ergibt sie sich in ihr Schicksal. Faust verlässt sie. Mephisto erklärt sie für „gerichtet", eine Stimme teilt mit: „Ist gerettet!" (V. 4611 f.).

Trüber Tag. Feld

Die Szene *Trüber Tag. Feld* führt in die reale Wirklichkeit zurück. „Im Elend! Verzweifelnd! Erbärmlich (…)" (S. 127) sind die ersten Worte. Faust, dessen geistige Zerrüttung nach der Begegnung mit dem Bild Gretchens in Prosa ausgedrückt wird, wirft Mephisto vor, ihm Gretchens Schicksal verschwiegen zu haben. Nun zwingt er ihn, ihn zu Gretchen zu bringen und ihre Befreiung vorzubereiten. Unterwegs kommen sie in *Nacht, offen Feld* auf ihren Zauberpferden an einer Richtstätte vorbei, dem „Rabenstein" (V. 4399). Faust findet Gretchen im *Kerker* wahnsinnig vor. Sie erinnert sich in ihrem Wahnfieber an das Glück mit Faust, folgt aber Fausts Fluchtabsichten nicht. Mephisto verkündet ihr Ende („Sie ist gerichtet!" V. 4611), aber es tönt eine „Stimme von oben: Ist gerettet!", und dem enteilenden Faust ruft Gretchen nach: „Heinrich! Heinrich".

Nacht, offen Feld

Kerker

3.3 Aufbau

ZUSAMMEN-FASSUNG

Die zwei Handlungen des *Faust* – Gelehrten- und Gretchen-Handlung – folgen unterschiedlichen dramatischen Strukturen: Die Gretchen-Handlung fügt sich problemlos in ein aristotelisches Schema und weist alle entsprechenden Umschlagpunkte und Abläufe auf. Die Gelehrtenhandlung ähnelt der offenen Form des Dramas[46] und erweist sich als ein Stationendrama: Sie ist durch entsprechende Örtlichkeiten und Fortbewegungsmittel gekennzeichnet. Der Einsatz verschiedener formaler Mittel – verschiedene Versarten und Prosa – weist die Entwicklung vom Sturm und Drang zur Klassik aus.

Aristotelisches Drama und Shakespeare'sche Szenenfolge

Aristotelisches und offenes Drama

Deutlich lässt sich im Stück **trotz der fehlenden Aktangabe eine dramatische Struktur** erkennen, die einerseits an das aristotelische Drama angelehnt ist, andererseits bereits die moderne Abfolge des offenen Dramas bedient. Manche Szenen fügen sich in beide Strukturen ein; die Szene *Kerker* beendet beide Handlungen. Das aristotelische Drama wird bevorzugt der Gretchen-Handlung unterlegt und bekommt gleichzeitig Züge des bürgerlichen Trauerspiels. Das bürgerliche Trauerspiel hatte in Deutschland mit Lessings *Miss Sara Sampson* (1755) und *Emilia Galotti* (1772) einen ersten Höhepunkt erreicht: Es war Ausdruck des sich emanzipierenden Bürgertums, das zuvor im Trauerspiel nicht vorhanden

Bürgerliches Trauerspiel

---

46 Der Begriff wird bezogen von Klotz, S. 99 ff., allerdings wird die sich speziell herausbildende Dramenform als „Stationendrama" bezeichnet.

war. An die Stelle der Adligen traten nun Bürger; die Handlung ging zumeist tragisch aus, das verlassene bürgerliche Mädchen war eine typische Thematik. *Emilia Galotti* war nicht nur der Ausdruck eines neu entstandenen bürgerlichen Selbstbewusstseins, sondern deutete bereits die Niederlagen dieses Bürgertums im Kampf mit der aristokratischen Macht an. Goethe sprach bei der Gretchen-Handlung selbst von einer Aktstruktur [47].

Stationendrama

Die offene Form des Dramas (Stationendrama) bestimmt die Gelehrtenhandlung: Fausts Monolog ist dramaturgisch die **Exposition** (Einführung) und erste Station. Er entwickelt eine Selbsteinschätzung des Gelehrten, die vorsichtig behandelt werden muss, da sie Faust selbst ausgewählt hat. Zu glauben ist ihm, dass er erkennen will, „was die Welt/Im Innersten zusammenhält" (V. 382 f.). Faust lehnt die biblische Schöpfung ab, die diese Frage beantwortet. Gleichzeitig führt die Exposition auf ein erstes erregendes Moment, die **Beschwörung des Erdgeistes**, hin. Nachdem Faust die Wette abgeschlossen hat *(Studierzimmer II)*, ein weiteres erregendes Moment unter aristotelischer Betrachtungsweise, und sich auf die Reise in die kleine Welt vorbereitet, sind alle Voraussetzungen für die Entwicklung der Handlung samt des Umschlags und der Katastrophe vorhanden. Mit der Schülerszene wird eine Variation eingefügt, die Spielraum für erregende Momente gibt. Der als 1. Akt verstandene Abschnitt ist einmal eine Abfolge von Stationen mit einer ersten Ausweitung: Gotisches Zimmer – Vor dem Tor der Stadt – Studierzimmer. Zum anderen sind diese Stationen aber auch eine groß angelegte Exposition: Faust wird für eine Reise durch die kleine Welt und für ein Liebeserlebnis, ein klassisches Thema des aristotelischen Dramas, vorbereitet.

„1. Akt"

---

47 Vgl. Gräf, *Über seine Dichtungen*, 2. Teil, 2. Band, S. 325, Anm. 2.

„2. Akt“

Der 2. Akt endet nach der *Hexenküche*, als alles für die Begegnung zwischen Faust und Gretchen vorbereitet ist. Faust hat bereits eine Erwartungshaltung entwickelt, ein Konflikt ist latent vorhanden – Fausts Sehnsucht nach dem „schönsten Bild von einem Weibe“ (V. 2436). Die beiden ersten Akte sind aber auch im Sinne Shakespeares als Stationendrama anzusehen, das von den Stationen Fausts in der akademischen Welt zu den Stationen Mephistos in der mythischen Welt führt.

„3. Akt“

Die **Begegnung Fausts mit Margarete** auf der *Straße* eröffnet eine neue Handlung, die zur steigenden geschlossenen Handlung wird. Der Höhepunkt der Handlung wird im 3. Akt mit den Szenen *Garten* und *Ein Gartenhäuschen* vorbereitet. Die Ernsthaftigkeit des einen Paares wird durch **die burleske Handlung** um Marthe und Mephisto, in der sich Reste der Hanswurst-Tradition erhalten haben, ironisch gebrochen und dadurch betont. Die sich andeutende Tragödie Margaretes findet ihre ironische Entsprechung und Brechung im Satyrspiel Mephistos. Der **Höhepunkt** selbst wird vorbereitet (V. 3505 ff.), nicht dargestellt. Er befindet sich nach der Szene *Marthens Garten*, liegt in der Liebesnacht Fausts mit Gretchen und bedeutet den Umschlag zur fallenden Handlung **(Peripetie)**: Der Erfüllung folgt durch den Tod der Mutter und Margaretes Schwangerschaft die fallende Handlung; der 4. Akt beginnt mit der Szene *Am Brunnen*. Die **Katastrophe**, der 5. Akt, wird mit der Szene *Trüber Tag. Feld* eröffnet und endet mit Gretchens Verurteilung und der drohenden Hinrichtung samt Errettung und Fausts Abschied von der kleinen Welt.

„4. Akt“

„5. Akt“

Die Gelehrtenhandlung erweist sich als Stationendrama, wobei ein Teil der Gretchen-Handlung versteckt und ohne Beteiligung Fausts hinter der Gelehrtenhandlung verläuft (die Schwangerschaft, Geburt, Tötung des Kindes, Prozess, Verurteilung Gretchens):

FAUSTS STATIONEN IN *FAUST. DER TRAGÖDIE ERSTER TEIL*

Faust im gotischen Zimmer auf Erkenntnissuche.

↓

Faust erlebt vor der Stadt Bürger, Handwerker, Mädchen und Bauern; Osterspaziergang.

↓

Faust schließt in seinem Studierzimmer einen Pakt mit Mephistopheles.

↓

Faust besucht Studenten in Leipzigs „Auerbachs Keller".

↓

Faust wird in der Hexenküche verjüngt und sieht Helena zum ersten Male.

↓

Faust lernt Margarete kennen und geht eine Beziehung ein.

↓

Faust verführt Margarete. **(Die gesamte Gretchen-Handlung wird zur Station.)**

↓

Faust tötet Valentin, Margaretes Bruder.

↓

Faust nimmt im Harz an der Walpurgisnacht teil.

↓

Faust ist auf dem Weg zu Margarete: Feld und Richtstätte „Rabenstein".

↓

Faust versucht, Margarete aus dem Kerker zu befreien.

↓

Faust verschwindet mit Mephisto aus der kleinen Welt.

Die **Besonderheit des Aufbaus** ist, dass beide Strukturen nebeneinander und übereinander verlaufen. An die Stelle der einheitlichen Haupthandlung sind „komplementäre Stränge" getreten.[48] Die Möglichkeit bietet sich, weil sie an verschiedene Figuren gebunden sind: Faust und Mephisto folgen dem Stationendrama; die

Komplementäre Stränge

---

48 Klotz, S. 101 f.

gesamte Gretchen-Tragödie ist letztlich nur eine Station in dieser Abfolge. Die Gretchen-Tragödie selbst folgt dem aristotelischen Drama. Der Umschlag der Handlung, die sogenannte Peripetie, geschieht dadurch, dass Faust nach der Vereinigung mit Gretchen aus dem Haus, das für ihn zur Station reduziert wird, verschwindet und auf seinen Stationenweg zurückkehrt. Er lässt Gretchen mit der getöteten Mutter allein zurück. Nur einmal tritt er noch *vor* ihrem Haus auf, als er Valentin ersticht.

Orte des Stationendramas

Das Stationendrama wird durch verschiedene Orte charakterisiert: gotisches Zimmer, vor einer mittelalterlichen Stadt (die Stadt Fausts), Leipzigs „Auerbachs Keller", Hexenküche, mittelalterliche Stadt (die Stadt Gretchens), Harz bei Schierke und Elend, Ilsenstein (V. 3968), Rabenstein, mittelalterliche Stadt. Neben diesen bewohnten bzw. **urbanen Orten** gibt es mehrere in **freier Natur**. Raum und Szeneninhalt stehen miteinander in enger Beziehung:

Offene und geschlossene Räume

Faust beginnt und endet in geschlossenen Räumen, im gotischen Zimmer und im Kerker. Beide Räume sind Ausdruck der Begrenzung, in der sich die Menschen befinden: Faust als gescheiterter Gelehrter in den Grenzen des Wissens, Margarete als gescheiterte Liebende in den Grenzen der Moral. Der **Stationencharakter** wird verstärkt durch **Fortbewegungsmittel**: Spaziergang zu Fuß, fliegender Mantel mit „Feuerluft", plötzliches Verschwinden (nach V. 2321), Hexenritt, Besenstiel, Ziegenbock und Mutterschwein als Reittier, Zauberpferde, Verschwinden mit Mephisto.

Die Szene *Wald und Höhle* ist in beiden dramaturgischen Abläufen wichtig: Sie ist einmal Szene des echten Gefühls und der Erkenntnis, zum anderen drängt ihn die Begierde.

ENTWICKLUNG DER GRETCHENHANDLUNG

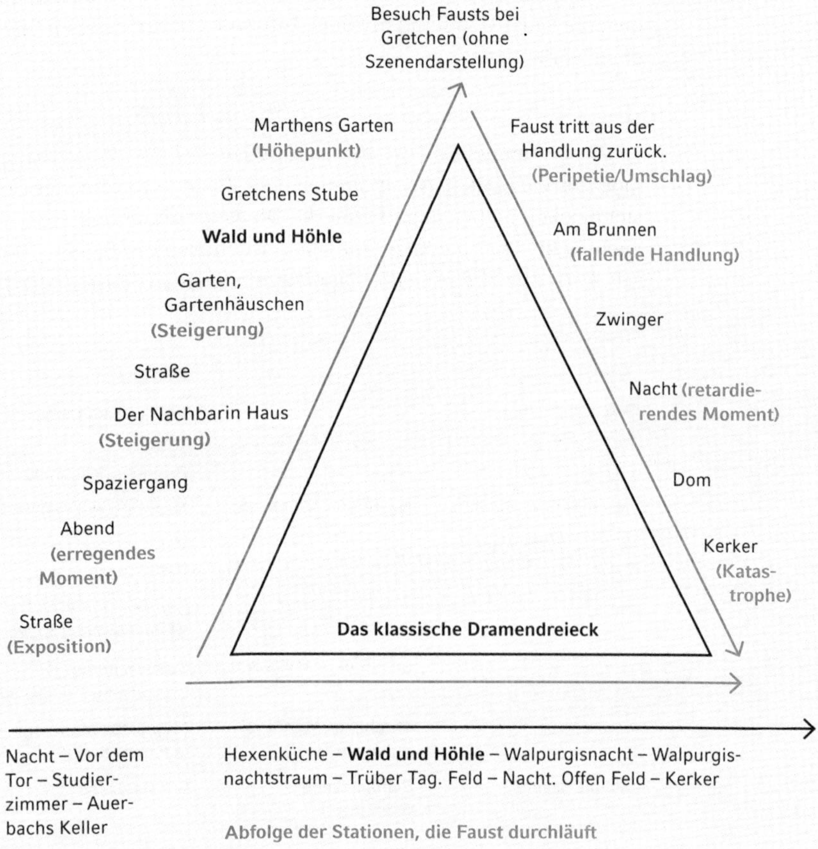

In der dramaturgischen Katastrophe *(Kerker)* **finden beide Handlungen ihren Abschluss**: Die Gretchen-Handlung mit dem tiefsten Punkt, den die Handlung erreichen kann, einen endgültigen, die Faust-Handlung mit dem Aufbruch zu einer neuen Station einen vorläufigen.

Vergleich der Fassungen

Die Versnummern beziehen sich auf *Faust. Erster Teil*. Geringfügige Abweichungen, Auslassungen oder Zusätze werden der Übersichtlichkeit halber nicht vermerkt. Die Gegenüberstellung[49] sagt auch nichts über die quantitativen Verhältnisse der Szenen. So ist z. B. *Kerker* im *Urfaust* halb so umfangreich wie in *Faust. Erster Teil*.

URFAUST	FAUST. EIN FRAGMENT	FAUST. EINE TRAGÖDIE
--	--	Zueignung
--	--	Vorspiel auf dem Theater
--	--	Prolog im Himmel
Nacht (nur V. 354–605)	Nacht (nur V. 354–605)	Nacht (V. 354–807)
--	--	Vor dem Tor (Osterspaziergang)
--	--	Studierzimmer I (Pudel und Mephisto)
--	unauffällige Paktszene	Studierzimmer II (veränderte Paktszene)
--	Mephistos Monolog in Fausts Kleid)	Mephistos Monolog in Fausts Kleid)
Schülerszene	Schülerszene (verändert)	Schülerszene

49 Sie folgt in den Grundzügen BA 8, S. 761, nimmt aber formale Kriterien zusätzlich auf.

URFAUST	FAUST. EIN FRAGMENT	FAUST. EINE TRAGÖDIE
--	Mephisto. Faust	Mephisto. Faust
Auerbachs Keller (Prosa)	Auerbachs Keller (Verse)	Auerbachs Keller (Verse)
Landstraße	--	--
--	Hexenküche	Hexenküche
Straße (Faust. Margarete)	Straße (Faust. Margarete)	Straße (Faust. Margarete)
Abend (Es war ein König ...)	Abend (Es war ein König ...)	Abend (Es war ein König in Thule)
Allee	Spaziergang	Spaziergang
Nachbarin Haus	Der Nachbarin Haus	Der Nachbarin Haus
Faust. Mephisto	Straße	Straße
Garten	Garten	Garten
Ein Gartenhäuschen	Ein Gartenhäuschen	Ein Gartenhäuschen
--	--	Wald und Höhle
Gretchens Stube	Gretchens Stube	Gretchens Stube
Marthens Garten	Marthens Garten	Marthens Garten
(Gretchenfrage)	(Gretchenfrage)	(Gretchenfrage)
Am Brunnen	Am Brunnen	Am Brunnen
--	Wald und Höhle	--
Zwinger (Gebet)	Zwinger (Gebet)	Zwinger (Gebet)
Dom	Dom	Dom
Nacht (Valentins Monolog; Text aus „Wald und Höhle“, einzelne andere Verse)	--	--
--	--	Walpurgisnacht

URFAUST	FAUST. EIN FRAGMENT	FAUST. EINE TRAGÖDIE
--	--	Walpurgisnachtstraum (Oberon und Titania)
Faust. Mephisto (Prosa)	--	Trüber Tag. Feld (Prosa)
Nacht. Offen Feld (Prosa)	--	Nacht. Offen Feld
Kerker (Prosa)	--	Kerker (Verse)

Urfaust und *Fragment*

Die Abfolge der Szenen im *Urfaust* widersetzte sich der aristotelischen Dreieinheit. Die Szenen folgten scheinbar unlogisch aufeinander. Mephisto erschien unvermittelt auf der Bühne, vom Pakt war keine Rede. Auch im *Fragment* wurde der Pakt nur beiläufig erwähnt. Als Mephisto im *Urfaust* das erste Mal die Bühne betritt, hat er mit Faust noch keinen Kontakt gehabt. Über die Vorbereitungen seines Auftritts erfährt der Zuschauer nichts; der Aufenthalt in Auerbachs Keller wird nicht erklärt. Das ist dramaturgische Absicht des Sturm-und-Drang-Dichters, der die Normen der französischen klassizistischen Dramatik ebenso wie die der aristotelischen ablehnt. Bei den Überarbeitungen dringt allmählich wieder das aristotelische Prinzip ein, um sich dann im *Faust. Der Tragödie Zweiter Teil* durchzusetzen. So wird der *Faust* auch zum **Beispiel für den Wandel von Formen und des Aufbaus**, die abhängig sind von Zeitbedürfnissen und -vorstellungen. Am deutlichsten ist dabei der Übergang von der Prosa, die im *Urfaust* noch etwa die Hälfte des Textes beherrschte, zu *Faust I*: Nur die Szene *Trüber Tag. Feld* steht in Prosa, alles andere in Versen. Die Prosa war die herrschende sprachliche Form der Kunstwerke des Sturm und Drang, der jambische Blankvers wurde es für die Klassik.

Vom Sturm und Drang zur Klassik

Der Meisterschaft Goethes gelang es, **Prosa und Vers in der Schwebe** zu halten. Die Szene *Trüber Tag. Feld* wirkt wie herausgeschleudert, die zahlreichen Ausrufezeichen machen den exzessiven und imperativischen Charakter des Textes deutlich. Verse wären hier fehl am Platze. Die Verse wiederum mischen Blankverse mit anderen Metren. Auch Lieder blieben in allen Fassungen erhalten und erinnern daran, dass im Sturm und Drang dem Volkslied große Aufmerksamkeit geschenkt wurde. So steht Goethes *Faust* auch in seiner endgültigen Form über den literarischen Strömungen.

Durch das *Vorspiel* tritt eine Art Verfremdung ein, denn dieser moderne (selbstreferentielle) Zugriff zur Dramatik erinnert an die Technik des epischen Theaters Brechts. Das *Vorspiel* eröffnet der Direktor mit Versen, in denen **Knittelverse und Versuche in Stanzen**, auf die *Zueignung* zurückverweisend, nebeneinander stehen. Das *Vorspiel* endet mit Knittelversen („Indes ihr Komplimente drechselt,/Kann etwas Nützliches geschehn" V. 216 f.), unterbrochen von Madrigalversen („Was heute nicht geschieht, ist morgen nicht getan", V. 225). Mit dem **Wechsel verschiedener Vers- und Gedichtformen** werden verschiedene Ebenen zwischen Himmel und Erde angedeutet. Auch darf, wer möchte, darin schon einen Ausgleich zwischen hoher Kunst (Stanze, Madrigal) und volkstümlicher Kunst (Knittelvers) sehen oder auch den Versuch, klassische Dichtung der italienischen Renaissance mit deutscher Volksdichtung zu vereinigen. Der **Knittelvers** ist das Versmaß der Fastnachtsstücke des Hans Sachs. So entsteht auch formal eine **spannungsreiche Vielfalt**: Sie lässt erkennen, wie Goethe Widerspruchsetzungen auch formal vornahm. *Faust* lebt von den zahlreichen formalen und inhaltlichen Spannungen, die ihn grundsätzlich von anderen Werken unterscheiden und ihn einmalig werden lassen. Wie unterschiedliche Versmaße eingesetzt werden, um Figuren zu beschreiben oder die Handlung voranzutreiben, wird im *Prolog im Himmel* deutlich. Die Engel sprechen feierliche Vierheber mit Kreuzreim (ababcdcd), die zusätzlich auf Vokalharmonie

Vereinigung von klassischer Renaissance mit deutscher Volksdichtung

Formale und inhaltliche Spannungen

zielen. Die Sphärenharmonie der Gestirne wird durch zahlreiche o-Laute hergestellt (Sonne, tönt, vollendet, Donnergang), die von mehreren a-Lauten assistiert werden. Auch eine Wiederholung dreier Verse, in denen winzige Veränderungen auf die Unveränderbarkeit des Himmels verweisen (V. 247–250 und V. 267–270), stabilisiert die Verse und Strophen der Erzengel. Mephisto nimmt diesen Vers mit dem Kreuzreim auf, erweitert ihn aber zum Fünfheber und verlässt nach zehn Versen diesen Rhythmus, um sich des eigenen Rhythmus, des beliebig langen Madrigalverses, zu bedienen. Damit kommt Bewegung in die Handlung:

Der Auftritt der Erzengel und des Herrn ruht in sich. Mephisto ist **das treibende und bewegende Element** der Handlung. Er ist nicht so sehr Gegenspieler des Herrn, sondern die entgegengesetzte Kraft zu der ruhenden himmlischen Ordnung des Herrn: Er wirkt unter den Menschen, also im Irdischen, und bewegt sich nicht im Ewigen, sondern im Geschichtlichen.

Fehlendes Personenverzeichnis

Die Fassungen des *Faust* haben kein Personenverzeichnis. Die große Zahl von Personen ist den Historien Shakespeares ähnlich. Das antike Drama und die klassizistischen französischen Dramen hatten nur wenige Personen, wie es auch bei Lessing noch der Fall ist.

Fausts gotisches Zimmer

In allen Fassungen beginnt die Handlung in der *Nacht* und in „einem hochgewölbten engen gotischen Zimmer“. Lessing hatte das Vorspiel seines *D. Faust* in einem alten Dom stattfinden lassen. Der Hinweis auf die Gotik ist programmatisch: 1772 hatte Goethe in seinem Aufsatz *Von deutscher Baukunst* das Straßburger Münster und seine **Gotik zur deutschen Baukunst** erklärt, nachdem sie zuvor als willkürlich und unnatürlich abgelehnt worden war. Für Goethe war sie ebenso national wie natürlich. Mit der Regieanmerkung macht Goethe auf einen typisch deutschen, künstlerisch und natürlich wirkenden Raum aufmerksam, der es zulässt, seinen Bewohner als einen deutschen Wissenschaftler zu betrachten.

3.4 Personenkonstellation und Charakteristiken

ZUSAMMEN-FASSUNG

In *Faust* treten zahlreiche Personen und Vertreter einzelner sozialer Gruppen auf. Es wird ein Querschnitt durch die soziale Struktur in der Zeit der Reformation gegeben. Die Hauptpersonen sind

- **Faust:** Wissenschaftler in den besten Jahren (Mitte 50), im akademischen Dienst, strebt nach letzten Erkenntnissen;
- **Margarete, genannt „Gretchen“:** vierzehnjähriges bürgerliches Mädchen, von Faust begehrt, wird von ihm verführt und zur Kindesmörderin, zum Tod verurteilt;
- **Mephistopheles:** Widerpart Gottes, treibende Kraft, Verführer und Begleiter Fausts;
- **Valentin:** Soldat, auf Tugend und Ehre bedachter, etwas spießiger Bruder Margaretes;
- **Marthe Schwerdtlein:** Margaretes Nachbarin mit kupplerischer Begabung;
- **Wagner:** Famulus (Assistent) Fausts, sammelnder und ordnender Gelehrter, wenig schöpferisch, rational-fortschrittsgläubig;
- **der Herr:** Gegenbild zu Mephisto, beide stellen eine Einheit dar.

Figurenkonstellation

Gretchens Tragik

Die **Beziehung zwischen den drei Personen** Faust, Margarete/Gretchen und Mephistopheles prägt den *Ersten Teil*, in dem das Schicksal Gretchens dominiert. Sie lebt in dem unlösbaren, deshalb tragischen Widerspruch, Faust zu lieben und sich ihm hingegeben zu haben, aber durch die **teuflische Bestimmung**

zum Helena-Ersatz Faust nicht gewinnen zu können, da er sie nur zur Lustbefriedigung benutzt. Wie sie sich auch entscheidet, bedeutet das unwiederbringlichen Verlust. Als Faust seine Wette einging, war vom Genuss keine Rede: Erkenntnis wollte er. Mephistopheles, der ihm letzte Erkenntnis nicht verschaffen kann, weil über diese nur der Herr verfügt („Da keiner dich ergründen mag", V. 268), versucht mit Unterhaltung und Belustigung, Faust vom eigentlichen Ziel abzulenken. Das scheitert fortlaufend: Die heiteren Vorgänge während des Osterspaziergangs erregen Faust nicht; er ist lieber „gedankenvoll allein" (V. 1024). Deshalb setzt Mephisto einen **teuflischen Plan** um: Da Faust wegen seines Alters die leichte Lebensart fehle, schickt er ihn zur Verjüngung. Im Zauberspiegel sieht Faust dabei die schönste Frau, man darf an Helena denken, da Mephisto sie später nennt. Als Faust diese Frau begehrt, sieht Mephisto seine Chance, vermag er doch, sinnliche Wünsche zu erfüllen. Der Verjüngungstrank wird zum Liebestrank. Durch den Trank begehrt Faust jede Frau, Mephisto kann ihn zu Gretchen führen. Die Bekanntschaft wird zur teuflischen Inszenierung, Gretchen ersetzt Helena, deren Herbeiführung aus der antiken Welt für Mephisto zu kompliziert ist.

Mephistos Unterhaltungsprogramm

Gretchen liebt Faust, hofft ihn durch ihre Hingabe zu binden, weiß aber nichts von seiner Wette, die eine dauerhafte Bindung verhindert, und ahnt nicht, dass sie Helena ersetzt. Den Untergang beschleunigt, dass Gretchen um ihre soziale und geistige Bescheidenheit gegenüber Faust weiß und Mephisto das ausnutzt. Auch Faust hat keine andere Möglichkeit: Gereizt vom Liebestrank, will er seine Lust befriedigen, aufkommende Zweifel werden vom Teufel beseitigt, der es eilig hat, mit Faust aus der kleinen in die große Welt zu entkommen, wie es abgesprochen war. Mephisto wird aber durch Gretchens Gläubigkeit behindert; er hat nicht „alle Macht im Himmel und auf Erden" *(Trüber Tag. Feld)*, wie er bedau-

Gretchens Glaube als Hindernis

ert. Nicht einmal in Gretchens Nähe will Mephisto sich begeben, weil er ahnt, dass sie sich dem Gericht Gottes überantworten wird und sich ihm entzieht. So sind die drei **Hauptfiguren miteinander verstrickt**, wobei Gretchen deutlich zum Objekt degradiert wird. Als die Verbindung aufgelöst wird, ist Gretchen das erste Opfer. Während Faust und Mephisto in die große Welt aufbrechen, bleibt Gretchen in der kleinen Welt als Gerichtete zurück. Dass sie auch eine Gerettete ist, hat sie ihrem Glauben zu verdanken, der sie nicht zum Opfer des Teufels werden ließ.

Gretchen als Objekt und Opfer

DIE ROLLE MEPHISTOS IN DER FIGUREN-KONSTELLATION

Mephisto bringt den Tod:

→ Gretchens Kind
→ Gretchens Mutter
→ Gretchens Bruder

Mephisto bringt Abwechslung/ lustige Gesellschaft:

→ Zechabend in Auerbachs Keller
→ Gesang „Es war einmal ein König"
→ Verjüngung, sexuelle Lust

Gretchen — Abwehr — **Mephisto** — Pakt — **Faust**

Mephisto bringt Verwirrung:

→ macht sie neugierig (V. 2678 ff)
→ lässt sie sinnlich fühlen („schwül", V. 2753)
→ durch unbekannte Triebhaftigkeit (V. 2755)
→ setzt alle Regeln außer Kraft (V. 3505)
→ vernichtet Ehrbarkeit und zukünftige Familie
→ verführt sie durch Schmuck
→ durch Abscheu vor Mephisto (V. 4610)

Mephisto will Faust zum Lebemann machen:

→ verweist ihn auf „Hans Liederlich" (V. 2628)
→ zerstört Faust Respekt vor Anmut und Ordnung
→ regt ihn zu Lüge und falsch Zeugnis an
→ macht ihn verantwortungslos (Mutter, Valentin)
→ lässt ihn erotische Orgie zur Walpurgisnacht erleben
→ verführt ihn durch Schönheit
→ legt ihm eine zynische Weltsicht nahe

Hauptfiguren

Faust

trägt in der Gelehrtenhandlung Züge des historisch-legendenhaften Faust (s. S. 26 f. der vorliegenden Erläuterung), in der Gretchen-Handlung Züge Goethes: Fausts Verhalten gegenüber Gretchen erscheint wie eine Variation von Goethes Schuld gegenüber Friederike Brion. Aber Goethe entlastet sich: Faust konnte nach dem Liebestrank in der Hexenküche nicht anders, als in Gretchen eine Helena zu sehen und sie zu lieben. Der Teufel ist schuld, nicht er. – **Unzufrieden mit seinem Erkenntnis- und Wissensstand**, obwohl er Doktor ist – der höchste akademische Grad zu der Zeit –, hat sich Faust zuerst der Magie ergeben. Dann will er mit einem Selbstmordversuch „zu neuen Sphären reiner Tätigkeit" (V. 705) gelangen, landet aber schließlich beim Pakt mit dem Teufel. Fausts **gegensätzliche Wünsche** werden zum Problem: „Zwei Seelen wohnen, ach! In meiner Brust,/die eine will sich von der andern trennen." (V. 1112 f.) Die Wünsche sind gerichtet auf die Körperlichkeit der Welt, auch die Liebe, und auf die körperlose Geistigkeit. Durch einen „Zaubermantel" (V. 1122) möchte er seine Probleme der gegensätzlichen Wünsche und der begrenzten Erkenntnis lösen und öffnet sich damit unbewusst Mephistos Pakt und Angeboten.

Vorbild: Goethe und Friederike Brion

„Zwei Seelen wohnen, ach! In meiner Brust"

Faust und Hiob

Faust ist nicht wie Hiob, mit dem er verglichen wird, ein Opfer der Mächte, sondern **ein Täter**. Faust hat erkannt, dass sich die von ihm erstrebten Einsichten in dem Maße einstellen, wie er sich aus den niederen zu höheren Erkenntnissen und Erfahrungen erhebt. Dabei werden Gut und Böse eine immer größere Einheit, um schließlich in der von Mephisto beschriebenen „Kraft" zusammenzufallen. Damit wird auch die Frage nach einer Schuld weitgehend hinfällig: **Goethes Dialektik** wird bewegt durch Erkenntniswillen, bei dem neue Erfahrungen zu weiteren Aufgaben führen. Moralische Verurteilungen spielen auf diesem Weg keine Rolle, sondern

Die Schuldfrage

der Mensch wird in seiner Entwicklung fortwährend differenziert, damit auch ständig Gut und Böse miteinander aufhebend. Dieses Denken ist aufklärerisch und nicht ohne Schwierigkeiten in die Gegenwart übertragbar.

Mephistopheles

ist „Satan" (V. 4305) und stammt aus dem Umfeld der Faust-Gestalt des Volksbuches. Er erscheint mit diesem Namen in der Kurzfassung[50] des Christlich Meynenden (Frankfurt a. M. und Leipzig 1726), nachdem er schon im Volksbuch von 1587 als Mephostophiles bezeichnet worden war und in den Puppenspielen auf den Jahrmärkten vorkam. Die Selbstvorstellung Fausts zu Beginn kommt aus dieser Puppenspiel-Tradition; sie ist in allen Fassungen des Stückes vorhanden. Die Bedeutung des Namens und seine Herkunft sind nicht eindeutig. Möglicherweise geht der Name auf das Hebräische zurück und bedeutet „Zerstörer, Lügner". Im Spiel ist er der Gegenpol der Bewegung und Unruhe zu Gottes Ruhe und Schönheit der Sphärenklänge, zu denen er Zugang hat. Dort konfrontiert er Gottes „hohe Werke" (V. 269) mit den Misslichkeiten der irdischen Welt, die Mephistos Wirkungsbereich ist: „Von Sonn' und Welten weiß ich nichts zu sagen,/Ich sehe nur, wie sich die Menschen plagen." (V. 279 f.) Er ist die **personifizierte Intelligenz**, die kein Gefühl besitzt. Streben ist für ihn lächerlich, deshalb entführt er Faust auch zuerst zu den geistig anspruchslosen, dümmlich nationalistischen Studenten in Auerbachs Keller.

Bewegung und Unruhe

---

50 Es trug den Titel *Des Durch die gantze Welt beruffenen Ertz-Schwartz-Künstlers und Zauberers Doctor Johann Fausts, Mit dem Teufel auffgerichtetes Bündnüß/Abendtheuerlicher Lebens-Wandel und mit Schrecken genommenes Ende, Auffs neu übersehen/In eine beliebte Kürtze zusammen gezogen, Und allen vorsetzlichen Sündern zu einer hertzlichen Vermahnung und Warnung zum Druck befördert.* Die „beliebte Kürze" waren 48 Seiten, die der Verfasser aus den traditionellen 800 Seiten des Volksbuchs gewonnen hatte. Auch der junge Goethe hat wahrscheinlich über dieses Buch die Volksbuchtradition kennengelernt.

Vertreter des Animalischen

Mephisto vertritt im Kraftgefüge der Welt das Animalische wie der Herr das Geistige. Deshalb erscheint Mephisto vor Faust als Tier (Pudel) und bezeichnet sich als „Herr der Ratten und der Mäuse,/Der Fliegen, Frösche, Wanzen, Läuse“ (V. 1516 f.). Da das Geistige ohne das Animalische nicht existieren kann – der Geist braucht einen Körper –, sieht auch Faust in den Tieren seine „Brüder“ (V. 3226).

Mephistos Begrenzung

Mephisto **gehört zum Schöpfungsplan des Herrn**, der ihn als **treibende Kraft** bei den Menschen verwendet: „Des Menschen Tätigkeit kann allzu leicht erschlaffen,/…/Drum geb ich gern ihm den Gesellen zu,/Der reizt und wirkt und muss als Teufel schaffen.“ (V. 340 ff.) Mephistos Freiheit ist deshalb begrenzt durch die irdische Welt des Menschen; seine Wette kann sich deshalb auch nur auf diese erstrecken, nicht auf das Universum und den göttlichen Weltplan. Diesem, der Ewigkeit entsprungen, steht er mit seiner ständigen Bereitschaft zu Bewegung diametral entgegen. Er versteht die göttliche Ordnung nicht und beschränkt sich deshalb auf das irdische Leben, „denn mit den Toten/Hab ich mich niemals gern befangen“ (V. 318 f.). Nur der Herr und er gemeinsam können diese Ordnung verstehen: So gleichen sich ihre Versmaße am Ende des Vorspiels einander wieder an (jambische Fünfheber), um auf diese Gemeinsamkeit zu verweisen (V. 346 ff.).

Für Brecht waren „Mephisto und Gretchen zwei der schönsten Figuren des Welttheaters“[51].

---

51 Bertolt Brecht: *Schriften zum Theater.* Bd. VI, Berlin und Weimar: Aufbau-Verlag, 1964, S. 351.

Margarete, Gretchen

trat erstmals 1674 im Faust-Buch des Nürnberger Arztes Pfitzer auf. Dennoch ist Margarete Goethes Erfindung. Er hat als Fünfzehnjähriger ein bezauberndes Gretchen kennengelernt, „von ungemeiner und (...) von unglaublicher Schönheit", wie er in der Autobiografie berichtet [52], mit dem er mancherlei Abenteuer hatte und sogar ganz tugendhaft eine Nacht „in der wunderlichsten Lage" [53] verbringen durfte. Gretchen, ein Kleinstadtkind, ist behütet provinziell aufgewachsen, wobei sie Keckheit und Schüchternheit vereint. Sie ist mit vierzehn fast noch ein Kind. Allerdings muss man bedenken, dass in dieser Zeit Frauen sehr jung heiratsfähig waren; es war in adligen und wohlhabenden Kreisen durchaus üblich, zwölfjährige Mädchen zu verheiraten, um Vermögenswerte und Besitz zu sichern und zu erweitern. Faust ist dagegen ein reifer Mann. Mit ihrem Zusammentreffen begegnen sich die große Welt des Wissens und eine kleinstädtisch von Familieninteressen und spießiger Ruhe geprägte kleine Welt. So fällt es Faust leicht, sie durch sein Wissen, seine Versprechungen und seine Umgangsformen zu gewinnen. Gretchen fühlt und erkennt ihre soziale und geistige Bescheidenheit gegenüber Faust und wird deshalb schnell sein Opfer. Befördert wird das, indem sie sinnlich nach Faust ver-

Franziska Kinz als Gretchen (1926)

52 Goethe: *Aus meinem Leben. Dichtung und Wahrheit*, 5. Buch, BA 13, S. 181.
53 Ebd., S. 213.

langt, im *Urfaust* noch auffälliger als später. Dort sagte sie: „Mein Schoß! Gott! drängt/sich nach ihm hin./Ach dürft ich fassen/Und halten ihn." (*Urfaust* V. 1098 ff.); später stand zurückhaltender „Mein Busen" (V. 3406).

Station auf Fausts Weltenreise

Gretchen wird zu einer Station auf Fausts Weltenreise. Die Differenz zwischen beiden wird immer größer, Fausts Welt immer weiter, Gretchens Welt immer enger, bis zum Ende im Gefängnis. Sie klagt „Es ist so elend in der Fremde schweifen" (V. 4549), während Faust mit Mephistos Zauberpferden in den „Morgen" reitet (V. 4600). Zum Tode verurteilt, wird Gretchen doch errettet, allerdings durch den Tod. Er ist die Sühne für Gretchens Schuld am Tode ihrer Mutter und ihres Kindes, bedingt auch am Tod ihres Bruders. Ihr Name ist beliebt in Märchen, Volkslied und Puppenspiel (Kaspars Frau heißt Gretel!); im Stück wechselt der Name Gretchen, vorwiegend in den ernsten Szenen, mit Margarete in den heiteren.

Nebenfiguren

Valentin

Margaretes Bruder

Tugend und Ehre

ist Margaretes Bruder. Er ist Soldat, der den eigenen Wert – er gibt sich ausgesprochen tugendhaft – aus der Tugendhaftigkeit seiner Schwester bezieht. Seine Beschränktheit und Borniertheit, aus der kein Verständnis für Margarete entspringen kann, wird darin deutlich, dass er am Stammtisch, wo die „Mägdlein laut gepriesen" (V. 3623) werden, die Ehre seiner Schwester „Gretel" seiner „sichern Ruh" (V. 3626) entgegensetzt. Erneut werden Ruhe und politisches Desinteresse, wie schon bei den Bürgern (V. 860 ff.), als verhängnisvoller Zustand beschrieben. Die nun eingetretene Ehrlosigkeit seiner Schwester betrachtet er als eigenen Makel und wird dadurch **mitschuldig am Verbrechen** seiner Schwester. Er spricht ihr alle Klugheit und damit individuelle Entscheidungsfreiheit ab („Bist gar noch nicht gescheit genung“ V. 3727). Durch seinen Fluch auf die Schwester wird deren Lage öffentlich und ihr Untergang beschleunigt. Valentin ist ein **Spießer**. Seine vermeintliche Tugendhaftigkeit ist Ausdruck einer frauenfeindlichen Grundhaltung.

Marthe Schwerdtlein

Kupplerische Nachbarin

ist Margaretes Nachbarin und Verbündete. Durch ihre kupplerischen Ambitionen öffnet sie der teuflischen Verführung Tür und Tor, nicht ohne die Hoffnung, selbst nochmals mit einem Partner versorgt zu werden. Ihr Mann hat sie verlassen. Als Mephisto ihr von den Schicksalen des Mannes, den Liebesabenteuern in Neapel und seinem Tod in Padua samt dem Begräbnis beim Heiligen Antonius, dem Schutzheiligen der Tiere, berichtet, nimmt sie diese Berichte, die erfunden sind, als Wahrheit und richtet ihre Aufmerksamkeit sofort auf einen neuen Mann. Es könnte auch der Teufel sein, dessen Gegenwart sie, anders als Gretchen, nicht spürt. Das liegt nicht zuletzt daran, dass ihre Welt- und Wertvorstellungen mit denen Mephistos korrespondieren – so ermöglicht sie Margarete, das zweite Schmuckgeschenk ohne Wissen der Mutter anzunehmen, es anzulegen und dadurch der Verführung das Tor zu öffnen.

Nähe zu Mephisto

Wagner

Fausts Famulus: Wagner

ist Famulus, also Assistent bei Faust. Er tritt schon in einem ihm gewidmeten Volksbuch und in einigen Volksbüchern zu Faust (Widmann, 1599) auf. Im *Ersten Teil* ist er nach Fausts Ansicht ein „trockne(r) Schleicher“ (V. 521) und Spießer, er wird auch mit den Attributen desselben ausgestattet: „im Schlafrocke und der Nachtmütze“ (vor V. 522). Doch ist das zu relativieren. Faust urteilt als Genie, dem alle Normen und Festlegungen widerstreben. Wagner aber nutzt die „Quellen“ (V. 563) des Wissens und ist sich der Begrenztheit des menschlichen Lebens dabei durchaus bewusst. Er ist der **sammelnde und ordnende Wissenschaftler**, der die Nähe des Teufels nicht spürt und deshalb uneingeschränkt **fortschrittsgläubig** sein kann. Indem er die Wissenschaft nie auf Wirkungen hin befragt, kann er auch ihre Verbrechen nicht begreifen. Goethe beschrieb seine Fähigkeit 1800, angeregt durch Schiller zur Weiterarbeit am *Faust*, in seinem *Schema zur gesamten Dichtung* als „helles, kaltes wissenschaftliches Streben“ [54]. Methodisch ist er der **exakte Wissenschaftler**, Faust dagegen das Genie. Wissenschaftliche Erfolge sind sowohl dem einen wie dem anderen vergönnt. Während es Faust nicht auf die Masse des Wissens ankommt, sondern er nach der Weltformel sucht („...was die Welt im Innersten zusammenhält“, V. 382 f.), glaubt Wagner, viel zu wissen, doch möchte er „alles wissen“ (V. 601). Wagner ist methodisch gesehen ein anderer, letztlich pragmatischer Gelehrtentyp gegenüber Faust: Er versucht, mit der Analyse der vorhandenen Quellen, nicht mit Magie zum Erfolg zu kommen. Ihn nur als trockenen Wissenschaftler und lebensfremden Pedanten zu sehen, wie Faust es tut (V. 521) und wie es in der Sekundärliteratur oft zu finden ist [55], wird ihm nur bedingt gerecht, wie vor allem *Faust. Der Tragödie Zweiter Teil* beweist. Tatsächlich stehen sich mit Faust und Wagner das Genie und der Gelehrte gegenüber, wobei das Genie durch schöpferisches Verlangen gekennzeichnet ist, der Gelehrte durch das sachliche Wissen. Im Sturm und Drang entwickelte sich dieser Unterschied zum konfliktreichen Gegensatz, in dem letztlich nur das Genie Bedeutung hatte, dessen Genialität mit der Absage an

---

54 Vgl. BA 8, S. 560; Friedrich, S. 187.

55 Vgl. Schmidt, S. 91, Wagner sei der Gelehrtentypus „des kümmerlichen selbstzufriedenen Pedanten“ (S. 95).

jegliches Wissen stieg. Im 19. Jahrhundert kehrte sich die Konstellation um: Der Gelehrte gewann an Achtung, und das Genie war der alle Gesetze aushebelnde Sonderfall.

Der Herr

geht über den biblischen Gott hinaus und ist die Personifikation eines universalen Schöpfers, die poetische Entsprechung für das philosophisch Denkbare und der Inbegriff des Guten. Begreifbar ist er durch das Böse, Mephistopheles. Die menschliche Existenz wird als irdische zwischen Himmel und Hölle und als eine in sich widersprüchliche Existenz beschrieben, in der dialektische Setzungen wie gut – böse ihre größte Spannung erreichen. Indem die Einheit von Gut und Böse personell in den Herrn und Mephisto aufgespalten wird, kommt es zur dramatischen Handlung. Die drei wichtigsten Gestalten sind Personifikationen der größtmöglichen Spannung, wie sie am Ende des *Vorspiels auf dem Theater* genannt wird: Himmel – Herr, Welt – Faust, Hölle – Mephisto.

Inbegriff des Guten

3.5 Sachliche und sprachliche Erläuterungen

	Tragödie	ähnlich dem Trauerspiel, das allerdings vorwiegend mit bürgerlichen Helden ausgestattet ist. Wird von einem ungelöst bleibenden Konflikt bestimmt, bei dem die Entscheidung für eine Seite des Konflikts zum Untergang führen würde. Sie behandelt zumeist prinzipielle Menschheitsfragen. Im *Urfaust* und *Faust. Ein Fragment* setzte Goethe die Genrebezeichnung nicht ein; dabei waren diese Vorstufen „tragischer" als das vollendete Werk: Durch die Aufnahme des *Prologs im Himmel* wird Fausts Pakt mit dem Teufel einer höheren Ordnung unterworfen, der sich auch Mephisto zu fügen hat. Deshalb wird auch das Ende verändert: Bleibt es im *Urfaust* bei Mephistos Feststellung über Gretchen „Sie ist gerichtet.", so antwortet schließlich eine „Stimme (von oben): Ist gerettet!"

Zueignung

	Zueignung	Widmungsgedicht, auch: Dedikation.
V. 1	**schwankende Gestalten**	Begriff, den Goethe in naturwissenschaftlichen Schriften für die Unterschiede zwischen Morphologie (Gestaltlehre) und ständiger Veränderung verwendete. „Schwankend" beschreibt ewige Bewegung und Entwicklung, die es unmöglich mache, eine Gestalt als abgeschlossen und fest fixiert zu betrachten (vgl. Goethe: *Zur Morphologie*)[56].
V. 4	**Wahn**	Einbildungskraft, Gefühlsüberschwang.

56 Goethe: *Naturwissenschaftliche Schriften*. In: HA, Bd. 13, S. 53 ff.

V. 10 ff.	**liebe Schatten**	Ihm fremd gewordene Freunde der Jugendzeit wie Herder, Klinger, die Grafen Stolberg u. a. sowie die Geliebten Friederike Brion, Lotte Buff und Lili Schönemann, andere waren verstorben, wie Lenz, Merck und die Schwester Cornelia.
V. 21	**Mein Lied [Leid] ertönt**	Der Vers ist umstritten. Wenige Exemplare eines Separatdruckes weisen zu Lebzeiten Goethes statt „Leid" „Lied" aus, wahrscheinlich ein Druckfehler. Goethes Sekretär Riemer hat nach Goethes Tod „Leid" durch „Lied" ersetzt. Beide Lesarten sind möglich, zumal Goethe auch bei anderen Gelegenheiten „Leid" so verwendete. Für „Leid" sprechen vor allem inhaltliche Gründe und die Verwendung von „Lied" in V. 23. Inhaltlich sah Goethe den Dichter in der Lage, das „Leid" zur Dichtung werden zu lassen. Berühmt wurden entsprechende Passagen im *Torquato Tasso*: „Und wenn der Mensch in seiner Qual verstummt,/Gab mir ein Gott zu sagen wie ich leide." (*Tasso*, V. 3432 f.) Zuvor hatte Lenore Tassos Poesien beschrieben: „Sein reizend Leid, die sel'ge Schwermut lockt/ Ein jedes Ohr …" (*Tasso*, V. 195 f.).
V. 21	**Menge**	Goethe steht dem Publikum distanziert gegenüber. Das wiederholt sich im *Vorspiel*, als der Direktor dreimal auf die Menge (das Volk) eingeht (V. 37, 43, 49) und der Dichter wiederum die „bunte Menge" ablehnt (V. 59). Der Direktor empfiehlt dem Dichter, auf diese Menge, die „Maskenfeste" liebt, Rücksicht zu nehmen, „Ihr habet weiches Holz zu spalten" (V. 111).
V. 28	**Äolsharfe**	Saiteninstrument, das durch den Wind klingt; Windharfe.

Vorspiel auf dem Theater

V. 39	**Pfosten, Bretter**	Wanderbühnen hatten ähnlich dem heutigen Zirkus ihre Bühnen mit und bauten sie auf Jahrmärkten und Messen auf. Deshalb wird auch heute noch vom Theater als von den „Brettern, die die Welt bedeuten", gesprochen.
V. 52	**Gnadenpforte**	Nach Mt. 7,13 f.: Die Pforte führt zum Leben. Das Theater ist in der ironischen Darstellung des Direktors das Leben und ein Tempel. Das Wort steht in Zusammenhang mit der „Himmelsenge", von der der Dichter wenige Verse später spricht (V. 63), durch die nur der Dichter geht und ins Göttliche gelangt.
V. 156	**Olymp**	Wohnort der griechischen Götter, übertragen: Ort großer Dichtung, deshalb nannte man Goethe den „Olympier".
V. 242	**Himmel, Welt, Hölle**	Der letzte Vers des Vorspiels kenzeichnet die Handlung des gesamten Stückes: vom *Prolog im Himmel* über Fausts Leben auf der Erde bis zur Grablegung in Gegenwart Mephistos im 2. Teil, wo ursprünglich ein Epilog auf dem Weg in die Hölle gehalten werden sollte. Goethe sagte am 6. 5. 1827 zu Eckermann: „Das ist keine Idee; sondern Gang der Handlung."

Prolog im Himmel

V. 243	**tönt**	Die tönende Sonne ist ungewöhnlich, war aber der damaligen Zeit verständlich. Nach der pythagoreischen Philosophenschule hatte jeder Planet, der die Sonne umkreiste, einen Ton; diese von Kreisbahn und Geschwindigkeit abhängigen Töne vereinigten sich zu einer Sphärenharmonie. Man hatte in Miltons *Verlorenem Paradies* (4. und 5. Gesang) – Goethe hatte 1799

		eine Übersetzung ausgeliehen – einen tönenden Himmel und singende Sphären kennengelernt. Auch die folgenden Verse der Erzengel sind Milton verpflichtet.[57]
V. 265	**Boten**	Wörtliche Übersetzung von „Engel" (griech.); später als „Göttersöhne" (V. 344) bezeichnet. Das geht zurück auf die zehn Ordnungen der Engel, die sich durch ihre Gotteserkenntnis unterscheiden, wobei keine Ordnung Gott ganz begreift.
V. 281	**der kleine Gott**	Hier verwendete Goethe fast wörtlich ein Zitat aus Leibniz' *Theodizee*, wo es heißt: „Der Mensch ist also gleichsam ein kleiner Gott in seiner Welt." (1. Buch, § 117)
V. 288	**Zikaden**	Die Grille besitzt Flügel und Sprungbeine, muss aber wegen ihres plumpen Körpers auf das Fliegen verzichten. Das Motiv wird von hier aus aufgenommen und steht für Fausts Wollen und Können. Mephisto wendet es in der Szene *Trüber Tag. Feld* auf Faust an: „Willst fliegen und bist vorm Schwindel nicht sicher?"
V. 317 V. 328 f.	**Es irrt der Mensch/ so lang er strebt** **Ein guter Mensch … bewusst.**	Hier verbindet sich Menschsein für den Herrn mit dauerndem Streben nach Erkenntnis und Wissen, nach unermüdlichem Vordringen in unbekannte Bereiche. Dabei sind Irrtümer nicht nur möglich, sondern Teil des Erkenntnisprozesses. Faust ist dem Herrn dafür ein Beispiel. Davon gibt es nicht viele, denn Mephisto weiß anderes über die Menschen zu berichten, denen der Herr den „Schein des Himmelslichts gegeben" (V. 284): „Er nennt's Vernunft und braucht's allein,/Nur tierischer als jedes Tier zu sein." (V. 285 f.)

57 Vgl. dazu Friedrich, S. 178.

V. 334	**Staub fressen**	Die Schlange, „Muhme" (V. 335; altertümlich für „Tante") Mephistos, wurde für die Verführung des Menschen im Paradies bestraft, musste auf „dem Bauch gehen", „Erde fressen" und zwischen ihr und dem Menschen wurde Feindschaft erklärt (1. Mose 3, 14–15).
V. 339	**Schalk**	Spaßvogel. Bei Goethe mit der zusätzlichen Bedeutung, der Schalk verneine grundsätzlich, wünsche das Gegenteil. Mephisto beschreibt sich als „Geist, der stets verneint" (V. 1338).
V. 348	**schwankender Erscheinung**	Der Herr beauftragt die Engel, alles Schwankende – es war in der *Zueignung* das sich Bewegende und Entwickelnde – in Dauer zu übertragen. Der Himmel samt der Engel ist das Unveränderlich-Dauernde, auf ewig Abgeschlossene, die Erde mit ihrer Entwicklung und ihren Widersprüchen, deren Vertreter Mephistopheles ist, das sich widersprüchlich Bewegende, das durch die genaue Bestimmung, den Begriff, auch dauerhaft wird.

Nacht

vor 354	**Nacht**	Goethe verzichtete im *Ersten Teil* auf genaue Angaben zur Handlungszeit und zum Ort. Das Geschehen spielt in der Übergangszeit vom Mittelalter zur frühbürgerlichen Neuzeit, etwa den Lebensdaten Fausts (um 1470 bis um 1540) entsprechend. Der Ort ist eine mittelalterliche Universitätsstadt, von der aus man nach Leipzig und dem Harz aufbricht. Goethe kannte solche Städte durch seine Geburtsstadt Frankfurt am Main und seine Studienstädte Leipzig und Straßburg, die in dieses Stadtbild eingegangen sein dürften. Die Betonung des Gotischen lässt zuerst an Straßburg denken. Frankfurt ist nicht zwingend „identifizierbar", wie gemeint wird.[58]

---

58 Gaier, S. 83

vor V. 354	**gotischen**	Goethe betrachtete als erster Kunstbetrachter die Gotik als eine typisch deutsche Kunst, nachdem sie zuvor als barbarisch verteufelt worden war. Das gotische Straßburger Münster galt ihm als ein Höhepunkt deutscher Kunst. Faust befindet sich in einem würdigen, ihm angemessenen Raum, in dem aber durch menschliche Beschränkung, „Trödel" und Häufung von Studienmaterialien – von Büchern bis zum Totenschädel – die „hohe Wand ... verenget" (V. 656 f.) und zum „Kerker" (V. 398) wird.
V. 354	**Philosophie usw.**	Faust nennt die vier traditionellen Fakultäten der mittelalterlichen Universität, deren höchste die theologische war.
V. 420	**Nostradamus**	Michel de Notre-Dame (1503–66), französischer Wundarzt und Astrologe, berühmter Prophet. Der historische Faust kann die 1555 erschienenen Weissagungen nicht gelesen haben. Goethe verwendete den Namen wegen seines Klanges und als Beispiel für eine „magisch-pansophische Weltauffassung im Sinne Emanuel Swedenborgs"[59].
V. 424	**Seelenkraft**	Begriff Swedenborgs, dem Engel und Geister selbstverständlich die Welt bevölkerten und eigene Sphären trugen (s. zu V. 484 f.).
V. 430 ff.	**Makrokosmos**	Griech., die gesamte Welt, der große Kosmos, das Weltall. Gegensatz: Mikrokosmos, die vom Menschen geordnete Welt. In ihm spiegelt sich die große Welt.

59 BA 8, S. 805.

V. 449 f.	**die goldnen Eimer reichen**	Ein Sinnbild des sinnvollen Wirkens verschiedener Kräfte wird beschrieben. Dabei verbindet Goethe zwei Vorgänge miteinander: Die alttestamentliche Jakobsleiter, auf der die Engel vom Himmel auf die Erde und zurück steigen, und die Eimerkette des Feuerlöschens. Wiederum wird die kosmische Harmonie als Dialektik von Himmlischem und Irdischem, auf und nieder, beschrieben, denn nur aus den Gegensätzen entsteht sinnvoll Neues und Erkenntnis. Solche Ansichten waren verbreitet und dienten der bildhaften Vorstellung des Zusammenhangs von Makrokosmos und Mikrokosmos.[60] Die „goldnen Eimer" sind als „Schöpfeimer des Lichts" zu verstehen.[61]
vor V. 460	**das Zeichen des Erdgeists**	Weist auf die Alchemie hin, nach deren Lehren jedes Gestirn einen bestimmten Geist hat, der bei Swedenborg von einer eigenen kugelförmigen Sphäre umgeben ist („An meiner Sphäre lang gesogen", V. 484). Paracelsus nannte den Geist für die Erde „Archeus terrae", Giordano Bruno „Anima terrae", Swedenborg „Telluribus" und Georg von Welling „Welt-Geist". Diese Naturwissenschaftler und Philosophen kannte Goethe; mit Swedenborg hatte er sich intensiv beschäftigt und folgte dessen Ideen von der Mischung des Guten und Bösen im Menschen im *Faust*: „Der Mensch redet sich ein, alles Gute und Wahre, wie auch alles Böse und Falsche, stamme aus ihm selbst, und aus seiner Eigenklugheit heraus bestärkt er sich darin. (…) Glaubte der Mensch der Wahrheit gemäß, dass alles Gute und Wahre vom Herrn

60 Vgl. Franciscus Mercurius van Helmont (1618–1699): *Paradoxal–Diskurse oder Ungemeine Meinungen von dem Macrocosmo und Microcosmo* (Hamburg dt. 1691). Goethe kannte die Schrift offenbar (BA 8, S. 806), in der die Vorstellung von der Himmelsleiter mit den auf- und absteigenden Lichtern (goldne Eimer) verbunden werden. Vgl. Friedrich, S. 86 und 186.

61 Vgl. Friedrich, S. 448..

		und alles Böse und Falsche aus der Hölle stammt, er werde sich weder das Gute als Verdienst zurechnen noch das Böse zuschreiben und sich dessen schuldig machen."[62]
V. 484 f.	**Sphäre**	Nach Swedenborg hat jeder Geist seine Hülle oder seinen Bereich, die als Sphäre bezeichnet werden. Sie umgibt den Geist kugelartig.
V. 490	**Übermensch**	Spottname für die Anhänger Luthers, danach ironisch im 18. Jahrhundert Mensch mit überdurchschnittlichen Denk- und Gefühlsvermögen. Ernsthaft von Herder verwendet und von ihm zu Goethe gekommen, der den Begriff mehrfach verwendete. Erst durch Nietzsche zum Schlagwort geworden.
V. 518	**Famulus**	Student höherer Semester, auch Assistent.
vor V. 522	**Wagner**	Christophorus Wagner ist bereits im Volksbuch (1587) der Gehilfe Fausts. Er wird in *Faust II* sein Nachfolger und ein erfolgreicher Wissenschaftler.
V. 527	**Komödiant könnt einen Pfarrer lehren**	Der Theologe Karl Friedrich Bahrdt, einer der umstrittensten Aufklärer, wollte künftige Geistliche durch Schauspieler lehren lassen.
V. 530	**Museum**	Studierzimmer eines Gelehrten. Oft haben sich solche Einrichtungen noch als Naturalienmuseen erhalten.
V. 555	**Schnitzel kräuselt**	Reden verwenden Versatzstücke anderer Reden, so entstehen blumige Ansprachen, aber inhaltslose Texte. Schon Vorhandenes wird erneut verwendet.

62 Emanuel Swedenborg: *Er sprach mit den Engeln. Ein Querschnitt durch das religiöse Werk.* Ausgewählt und bearbeitet von Friedemann Horn. Zürich: Swedenborg-Verlag, 1997, S. 151.

V. 558 f.	**die Kunst ist lang!/Und kurz ist unser Leben.**	Wagner zitiert einen damals verbreiteten lateinischen Spruch Senecas (Ars longa, vita brevis), der auf den Griechen Hippokrates zurückgeht, um seine Bildung zu demonstrieren. Den gleichen Ausspruch verwendet Mephisto in der Paktszene gegenüber Faust (V. 1787); auch er will gebildet sein.
V. 576	**Buch mit sieben Siegeln**	Offenbarung Johannes 5,1: Ein schwer zu öffnendes Buch, das nur von einem leidenden Lamm geöffnet werden konnte. Es ist das Sinnbild für die Apokalypse. Wird das siebte Siegel geöffnet, bedeutet das unwiderruflich das Ende der Welt. Populär wird die Wendung für Geheimnisvolles, Zukünftiges und Unverständliches verwendet.
V. 583	**Haupt- und Staatsaktion**	Bevorzugt kritische Gattungsbezeichnung Gottscheds für das Barockdrama, überladene Ausstattung. Wandertruppen pflegten sie lange, zuletzt waren sie im Puppenspiel zu finden.
V. 593	**gekreuzigt und verbrannt**	Bei denen, die hingerichtet wurden, weil sie dem „Pöbel" ihr Wissen offenbarten, ist neben Jesus an Jan Hus, Girolamo Savonarola, Giordano Bruno und Campanella zu denken. Faust dagegen will den „Pöbel" nicht an seinem Wissen beteiligen.
V. 618	**mehr als Cherub**	Die Cherubim sind das Paradies bewachende Engel, die Gottes Schönheit anschauen, Faust dagegen will etwas tun.
V. 690	**Phiole**	Gefäß der Alchemisten in bauchiger Form mit langem Hals.
V. 702	**Feuerwagen**	Sowohl antik als auch christlich gebraucht: der Sonnengott Helios fährt im Feuerwagen, Elias (2. Könige 2, 11) fährt in einem solchen himmelwärts, Milton sieht in seinem *Verlorenen Paradies* Jesus im Feuerwagen.

V. 737 ff.	**Chor der Engel**	Gemeint sind Chorgesänge, in denen Priester und Gläubige wechseln. Verwendet werden Stellen aus dem Neuen Testament (u. a. Lukas 24 und Johannes 19 und 20).
V. 765	**Botschaft**	Gemeint ist die Auferstehungsgeschichte. Indem Faust sie nicht glaubt, gibt er sich als Ungläubiger zu erkennen („… mir fehlt der Glaube").

Vor dem Tor

V. 815	**die schönsten Mädchen**	Die Szene ist aufschlussreich für die spätere Anrede Margaretes als „Mein Fräulein", die ihr als Bürgerlicher nicht zusteht: Faust müsste „Jungfer" sagen. Die Handwerksburschen bezeichnen die „Mädchen" als „die wackern Dirnen" (V. 828) und „Magd" (V. 831). Vgl. V. 2605 und S. 43 f. der vorliegenden Erläuterung.
V. 878	**Sankt Andreas' Nacht**	Nacht vom 29./30. Dezember, in der beim Bleigießen, beim Apfelschalenwerfen, beim Betrachten eines Kristalls oder im Traum das Aussehen und der Name des künftigen Gatten bekannt werden. Der 29. Dezember ist der Andreasabend, der dem Gedächtnistag des Heiligen Andreas, Bruder des Apostels Petrus, vorausgeht.
V. 880	**Kristall**	Wahrsager nützen oft einen Kristall/eine Kristallkugel für ihre Aussagen.
V. 949 ff.	**Der Schäfer …**	Das Lied wird von Goethe mehrfach erwähnt (4. Buch in *Wilhelm Meisters theatralischer Sendung*, 2. Buch von *Wilhelm Meisters Lehrjahren*). Der Text wurde allerdings nicht mitgeteilt, weil er nicht „ehrbar" sei.

V. 1038	**Adepten**	Schüler, in eine Lehre Eingeweihte.
V. 1042	**roter Leu**	Verschiedenartige Stoffe werden miteinander verbunden; der rote Leu ist Quecksilberoxid, die Lilie weiße Salzsäure. Daraus entsteht die junge Königin, die heilkräftige Medizin. „Roter Leu" stand auch für Gold und das männliche Zeugungsprinzip, „Lilie" für das weibliche.
V. 1050	**Latwergen**	Dickflüssiger Heilsaft, Sirup.

Studierzimmer

V. 1224	**Am Anfang war das Wort**	Nach dem Johannes-Evangelium 1.1. Aus dem griech. logos (Wort, Begriff, Urteil, Sinn, Kraft, Tat, Vernunft) wurde im christlichen Denken Gott. Luther übersetzte deshalb „das Wort". Faust folgt ihm zunächst, geht aber dann eigene Wege.
V. 1258	**Salomonis Schlüssel**	Ein auf Salomo zurückgehendes Zauberbuch aus dem 15. Jahrhundert, mit dem Zwerge, Nixen usw. beschworen werden können.
V. 1273 ff.	**Salamander, Undene, Sylphe, Kobold**	Die vier Elementargeister, die nach Paracelsus Feuer, Wasser, Luft und Erde verkörpern.
V. 1290	**Incubus**	Kobold, Elementargeist.
V. 1300	**dies Zeichen**	Das christliche Kreuz mit dem Heiland und INRI.
V. 1334	**Fliegengott**	Übersetzung des hebr. „Beelzebub", hier für Mephisto.

V. 1335 f. V. 1338 V. 1349 f.	**Ein Teil von jener Kraft … Ich bin der Geist, der stets verneint! Ich bin ein Teil des Teils, der anfangs alles war,/ Ein Teil der Finsternis, die sich das Licht gebar**	Antworten Mephistos auf Fausts Frage, wer er sei. Der Dialektiker Faust ist weder ängstlich noch irritiert über den Teufel und betrachtet Mephisto als erwünschte Ergänzung. – Antike Weltentstehungsmythen standen Pate. Nach Hesiods *Theogonie* entstand aus Chaos und Nacht das Licht, nach christlicher Vorstellung ebenfalls. Luzifer fiel von Gott ab und so entstand der Widerspruch. – Mephisto verweist auf die Kraft des Guten und Bösen, von der er ein Teil sei. Er ist das Böse, er wünscht das Chaos und die „Mutter Nacht" (V. 1351) zurück. Aber ohne die Erinnerung an das Chaos wäre nicht der Willen zur Entfernung davon und zur Ordnung vorhanden, ohne das Böse gäbe es kein Gutes. Mephisto ist immer die andere Seite, die Negation. Der Mensch entwickelt sich nach philosophischen Vorstellungen stets zum Guten. Da Entwicklung ein dialektisches Werden und Vergehen ist, muss Mephisto das Böse wollen, um sich als Teil der Bewegung zu rechtfertigen. Dadurch betreibt er wiederum die Entwicklung zum Guten. Das Gute ist das Beherrschende, das Böse nur eine andere Form des Guten. Damit wäre auch eine andere Lesart möglich, dass mit der Kraft (Herr und Mephisto) beides gemeint ist. Das Böse muss vorhanden sein (Mephisto), damit sich das Gute am Ende immer durchsetzen kann (der Herr). Mephisto und Herr sind die unveräußerlichen Teile „jener Kraft".
V. 1395 f.	**Drudenfuß, Pentagramma**	Im Mittelalter als Zeichen gegen böse Geister verwendet. – Fünfstern, Fünfzeichen, auch als Zeichen Christi gedeutet. Muss in einem Zug gezeichnet werden.

V. 1599, 3915, 3933	**Mammon**	Geld, Gold und Besitz, auch verächtlich gemeint. In Miltons *Verlorenem Paradies* erbaut der Teufel Mammon dem Satan einen golddurchglühten Palast.[63]
V. 1636	**Geier**	Mephisto spielt auf die Prometheus-Sage an (vgl. Goethes *Prometheus*). Prometheus wurde zur Strafe vom Adler des Zeus täglich die Leber gefressen, die ständig nachwuchs. Mephistos Ironie und Respektlosigkeit macht aus dem Adler des Zeus einen Geier.
V. 1700	**Verweile doch! Du bist so schön!**	Bedenkt man, dass die Paktszene erst in der Endfassung des Stückes hinzukommt, also zwischen 1797 und 1801, darf in diesem Satz ein Postulat der klassischen deutschen Literatur gesehen werden, wie es Goethe aus Winckelmanns Forderung von der „edle(n) Einfalt, stille(n) Größe" kennengelernt hatte. Faust allerdings weiß, dass er nicht bei dieser klassischen Forderung stehenbleiben wird, sondern seine Wette abschließt, um in die unbekannten Räume der Moderne vorzustoßen.
V. 1705	**der Zeiger fallen**	Der Zeiger fällt in einer zerstörten Uhr auf die Sechs herab; in Wasseruhren, die nur einen Zeiger hatten, fiel er nach 24 Stunden herab.
V. 1808	**ellenhohe Socken**	soccus = der Schuh (Kothurn) der antiken Schauspieler.
V. 1824 ff.	**Wenn ich sechs Hengste zahlen kann …**	In diesen vier Versen, die das Kapital zur Voraussetzung für ökonomisches Handeln erklären, entdeckte der junge Karl Marx eine Beschreibung des kapitalistischen Besitzes und verwendete die Goethe-Verse variiert bei seiner Analyse des Privateigentums, „das damit geradezu als mephistophelische Errungenschaft, als Teufelswerk erscheint"[64].

63 Vgl. Friedrich, S. 363.
64 Schöne, Karl Marx

V. 1913	**spanische Stiefel**	Marterwerkzeug aus eisernen Schienen, mit denen die Beine zusammengepresst wurden.
V. 1940	**Encheiresin naturae**	Akk. von griech. *Encheiresis*; Handgriff der Natur.
V. 1949	**Metaphysik**	Philosophie von den letzten Gründen und der Unerkennbarkeit des Seins.
V. 1958	**präpariert**	Vorbereitet, gelernt.
V. 1959	**Paragraphos**	Abschnitte (Paragraphen) aus einem Lehrbuch.
V. 2048	**Eritis sicut Deus …**	„Ihr werdet sein wie Gott und wissen Gutes und Böses." Mit diesen Worten verführte der Teufel als Schlange im Paradies Eva. Mephisto spricht von der Schlange als seiner *Muhme* (V. 2049).
V. 2069	**Feuerluft**	Heißluft zum Betrieb der Montgolfiere 1783 (Heißluftballon der Gebrüder Montgolfier).

Auerbachs Keller

vor V. 2073	**Auerbachs Keller**	Bekannte Gaststätte in der Mädler-Passage Leipzigs, auf deren Wänden seit ca. 1615 die Faust-Sage dargestellt ist. Goethes Freund Behrisch wohnte in Auerbachs Hof.
V. 2098 f.	**Papst erwählen … eine Qualität**	Um zu garantieren, dass kein weiblicher Papst untergeschoben wird – die Päpstin Johanna –, musste der neu gewählte Papst auf einem besonderen Stuhl Platz nehmen, auf dem er durch ein Loch den Beweis seiner Männlichkeit antreten konnte.
V. 2171 f.	**Mein Leipzig lob ich mir!/ Es ist ein klein Paris, und bildet seine Leute.**	Frosch reagiert auf die Ankunft Fausts und Mephistos mit diesen Worten. Nachdem zuerst Berlin als Klein-Paris bezeichnet wurde, sagte man es seit 1768 auch für Leipzig. Goethe sah Leipzig ähnlich (vgl. *Dichtung und Wahrheit*, 2. Teil, 6. Buch). Paris war ein Ziel der so genannten Bildungsreisen und galt zu der Zeit als Mittelpunkt der (europäischen) Welt.

V. 2189	**Rippach**	Poststation zwischen Weißenfels und Leipzig, heute Autobahnkreuz „Rippachtal" der A 9 in der Nähe Merseburgs. Hans Arsch von Rippach war eine Figur des Studentenulks, ein dummer Kerl.
V. 2254	**judizieren**	Recht sprechen.
V. 2272	**Franze**	Franzose.
V. 2276	**Tokayer**	Natursüßwein aus Ungarn, nach der Stadt Tokaj.
V. 2312	**vogelfrei**	Geächtet, ungeschützt, darf getötet werden.

Hexenküche

V. 2416 u. ö.	**Sieb**	Schon im Altertum glaubte man, durch ein Sieb in die Zukunft sehen zu können.
V. 2491	**beiden Raben**	Im Volksglauben symbolisieren Raben oft Teufel, Hexen und böse Geister; Raben sitzen Hexen auf der Schulter usw. – Ursprünglich sind zwei Raben in der nordischen Mythologie die Boten Wotans.
V. 2581	**Mann von vielen Graden**	Mehrere akademische Titel wie Magister, Doktor und Professor, wobei damals Doktor am höchsten war.
V. 2577	**Sibylle**	Kluge, geheimnisvolle und weissagende Frau.
V. 2599	**Cupido**	Römischer Liebesgott, die Entsprechung zum griech. Eros.
V. 2604	**Bald Helenen in jedem Weibe**	Der Faust der Sage und des Volksbuchs begehrte die antike Helena, Königin von Sparta, verheiratet mit Menelaos und Anlass zum Trojanischen Krieg. Noch wird der Name nicht genannt, aber das Erlebnis der schönsten Frau begleitet den gesamten Verjüngungsprozess. An dessem Ende erklärt Mephisto, dass Faust mit dem Verjüngungstrank die schöne Helena in jedem Weibe erkennen werde. Gretchen wird zur Helena-Variation, Helena selbst tritt erst in *Der Tragödie zweiter Teil* auf.

Straße

V. 2623	**Stuhl**	Beichtstuhl.
V. 2628	**Hans Liederlich**	Leichtsinniger und unordentlicher Mensch, Faust antwortet mit *Magister Lobesam* (V. 2633), womit er Mephisto als Pedanten bezeichnet.

Abend

V. 2759	**Thule**	Die alten Griechen bezeichneten so eine nordeuropäische Insel oder Inselgruppe, von der sie nur dunkle Kunde hatten. Die Römer beschrieben damit den äußersten Norden überhaupt. Wahrscheinlich ist der Begriff auf die Shetlandinseln zu beziehen.

Spaziergang

V. 2826	**Himmels-Manna**	Tautologie (Doppelung), denn Manna ist legendäres, vom Himmel gefallenes Brot der Israeliten.

Der Nachbarin Haus

V. 2868	**auf dem Stroh**	Auf dem Bettstroh als „Strohwitwe" zurücklassen.
V. 2925	**Padua**	Ital. Stadt mit der Grabkirche des Hl. Antonius, die Goethe für ein „barbarisches Gebäude" hielt (*Italienische Reise*, BA 14, S. 79).
V. 2982	**Napel**	An Napoli angelehnte Form für Neapel, dadurch Anspielung auf die Geschlechtskrankheit „mal de Naples" (neapolitanische Krankheit, Syphilis) möglich.

Straße

V. 3037	**Sancta simplicitas!**	Heilige Einfalt! Das Wort soll der Reformator Jan Hus auf dem Scheiterhaufen gesagt haben, als eine fromme Frau Holz heranschaffte.

Garten

V. 3203	**Sommervögel**	Schmetterlinge.

Wald und Höhle

V. 3265	**ennuyiert**	Gelangweilt.
V. 3268	**Kribskrabs der Imagination**	Wirklichkeitsfremde Einbildungskraft.
V. 3313	**das arme affenjunge Blut**	Ein noch hilfloses, verspieltes Kind; vgl. auch *Grasaff* (V. 3521) – so bezeichnet Mephisto Gretchen.
V. 3337	**Zwillingspaar**	Gemeint sind die Brüste, Formulierung aus dem *Hohen Lied* Salomos (4, 5).

Marthens Garten

V. 3523	**katechisiert**	Nach dem Glauben gefragt, wie er im Katechismus steht.
V. 3537	**Physiognomie**	Anspielung auf Johann Kaspar Lavaters Lehre, aus dem Schattenriss der Gesichtszüge eines Menschen dessen Charakter abzulesen.

Am Brunnen

V. 3556	**Kurtesiert' ihr immer**	courtoisier = höflich tun, umschmeicheln. Vgl. Kurtisane = Liebhaberin.
V. 3575	**Kränzel**	Mädchen, die zur Hochzeit keine Jungfrau mehr waren, wurden bei der Hochzeit verhöhnt; sie durften entweder keinen oder keinen geschlossenen Brautkranz tragen. Vgl. Gretchens „Zerrissen liegt der Kranz" (V. 4436).

Zwinger

V. 3608	**Scherben**	Blumentöpfe, auch Tonschalen und -schüsseln.

Nacht

V. 3706	**Flederwisch**	Enten- oder Gänseflügel, der als Handfeger benutzt wurde, hier: leichter Degen.
V. 3715	**Blutbann**	Blutgerichtsurteile wurden im Namen Gottes gefällt, deshalb will Mephisto nichts mit ihnen zu schaffen haben; Bann = Gerichtsbarkeit.
V. 3756	**keine goldne Kette**	Die Frankfurter Polizeiordnung bestimmte, dass Jungfern im Gegensatz zum Fräulein keinen Schmuck tragen durften, Huren sowieso nicht.[65]

Dom

V. 3798 f., 3813 ff., 3825 ff., 3833	**Dies irae usw.**	Übersetzungen aus einem lateinischen Lied über das Jüngste Gericht (Teil der Totenmesse): *Der Tag des Zornes, jener Tag wird unser Zeitalter in Asche legen./Wenn der Richter auf seinem Thron sitzen wird, wird offenbar werden, was verborgen ist, und nichts wird ungesühnt bleiben./Was werde ich Elender dann sagen? Wen als Fürsprecher anflehen, da doch nicht einmal der Gerechte bestehen wird.*
V. 3834	**Fläschchen**	Die Frauen trugen Fläschchen mit Riechsalz bei sich, um gegen Ohnmachten, die durch die eng geschnürte Kleidung öfters auftraten, gewappnet zu sein.

Walpurgisnacht

V. 3835	**Besenstiel**	Hexen ritten auf Böcken (vgl. V. 3836), Ofengabeln oder Besenstielen durch die Luft.
V. 3855	**Irrlicht**	Lichterscheinung, meist leuchtende Gase aus Verwesungsvorgängen, wurden als bösartige Kobolde betrachtet, die die Menschen in die Irre locken.

---

65 Frankfurter Polizeiordnung (1765): „Es sollen auch die gemeinen armen dirnen und sust. (sonst) offentliche bulerin in dieser stadt keine güldener oder vergülte Ketten" tragen und „in der Kirche in meinem stule steen" dürfen. Vgl. Friedrich, S. 219

V. 3880	**schnarchen**	Anspielung auf zwei Felsen im Brockengebiet, die die „Schnarcher" heißen.
V. 3959	**Urian**	Unwillkommener Gast; der Teufel. Um „Teufel" nicht aussprechen zu müssen, versah man ihn mit zahlreichen verhüllenden (euphemistischen) Namen. Vgl. *Junker Voland* (V. 4023) = der Teufel.
V. 3962, 3965	**Baubo**	Aus der antiken Sage die Amme der Demeter, die mit obszönen Reden gut umgehen konnte; Bezeichnung für eine leichtfertig-unzüchtige Frau.
V. 3968	**Ilsenstein**	Felskuppe im Ilsetal (Harz), aus dem sie 75 m senkrecht aufragt, umgeben von finsteren Klüften.
V. 3977	**Das Kind erstickt, die Mutter platzt**	Die durch ihre sexuellen Orgien oft schwangeren Hexen, die ihren Ritt auf Gabeln und Besen zum Brocken beschreiben, sprechen über die Besenritte und Fehlgeburten, die in dem Gedränge geschehen.
V. 4119	**Lilith**	Nach jüdischen Sagen Adams erste Frau, die Gott erschuf, während er Eva aus einer Rippe Adams formte. Lilith wurde nach ihrer Trennung von Adam zur Geliebten des Teufels. Seit dem Mittelalter fasste man sie als bösen Dämon auf. Ihre „schönen Haare" (V. 4120) sind nach dem Volksglauben Sitz ihrer Verführungskünste; schöne Haare bei Männern galten als Zeichen der Kraft.
V. 4161	**spukt's in Tegel**	F. Nicolai, der Proktophantasmist (Steißgespensterseher), hatte in einem Vortrag über einen Spuk auf dem Landsitz der Familie von Humboldt in Tegel gesprochen und berichtet, er habe auch Geister gesehen und sich davon befreit, indem er sich Blutegel an den Hintern habe setzen lassen.
V. 4194	**Meduse**	Eine der drei Gorgonen, bei deren Anblick der Betrachter versteint. *Perseus* (V. 4208) schlug ihr den Kopf ab und vermied den direkten Blick, indem er in einen Spiegel blickte.

V. 4204	**rotes Schnürchen**	Kennzeichen der enthaupteten und als Geister wiederkehrenden Bestraften; nach den Massenhinrichtungen in Paris 1793 trugen modische Französinnen ein rotes Bändchen um den Hals.

Walpurgisnachtstraum oder Oberons und Titanias Goldne Hochzeit

V. 4224	**Miedings wackre Söhne**	Gemeint sind damit Bühnenarbeiter. 1725 wurde Johann Martin Mieding in Erfurt geboren. Er wurde wegen seiner Begabung als Tischlermeister zu Goethes unentbehrlichem Mitarbeiter am Theater und baute die Kulissen zu zahlreichen Liebhaberaufführungen. Als Mieding 1782 starb, würdigte ihn Goethe in dem Gedicht *Auf Miedings Tod,* die Schlussstrophe der Ode steht auf Miedings Grabstein auf dem Weimarer Jacobsfriedhof.
V. 4303	**Xenien**	Goethe und Schiller schrieben diese satirischen Spottverse in der Form von Distichen (Zweizeiler, die einen Hexameter und einen Pentameter verbinden) 1797. Sie erregten viel Aufsehen. Im *Walpurgisnachtstraum* erscheinen sie als stechende Insekten, sind also dem Teufel untertan, dem Herrn über Fliegen usw. (V. 1516 f.).
V. 4307	**Hennings**	Der holstein-dänische Schriftsteller August von Hennings (1746–1826) bekämpfte im Namen des Christentums die „heidnische" Weimarer Klassik. Goethe verspottet auch die zweiteilige Gedichtsammlung *Der Musaget* (1798/99) Hennings' (V. 4311) und dessen Zeitschrift *Genius der Zeit* (V. 4315), die meint, durch ihre Polemik gegen die „rechten Leute" selbst bedeutsam zu werden.

V. 4323	**Kranich**	Gemeint ist Johann Kaspar Lavater, von dem sich Goethe abwandte, weil er ihm zu frömmlerisch war. Er beschrieb ihn Eckermann als einen „Kranich" (17. Februar 1829).
V. 4327	**Weltkind**	Goethe sah sich auf einer Rheinreise als Weltkind zwischen Lavater und Basedow. Vgl. Gedicht *Diner zu Koblenz im Sommer 1774*. In Beziehung zu Mephistos und Fausts großer Welt weist es auf die Ähnlichkeit Fausts mit Goethe.
V. 4394	**Rosenhügel**	Nach Wieland liegt dort das Schloss Oberons.

Nacht. Offen Feld

V. 4399	**Rabenstein**	Unheimliche Stätte, die von Raben umflogen wird. Möglich ist, da Goethe zahlreiche genaue Ortsbezeichnungen im mitteldeutschen Raum verwendet hat, dass die vom Brocken – „Sie reiten. Schnelligkeit. Falsche Richtung. Zug nach Osten" (Paralipomenon 68) – auf schwarzen Pferden daherbrausenden Faust und Mephisto an der Burg Rabenstein im Fläming vorbeifliegen, die in der Nähe Wittenbergs und damit einem wichtigen Wirkungsort Fausts liegt.

Kerker

V. 4412 ff.	**Meine Mutter, die Hur …**	Lied des getöteten Kindes aus dem plattdeutschen *Märchen von Machandelbaum* (Wachholder). Das Märchen geht auf den Maler Philipp Otto Runge zurück. Ein von einer Stiefmutter getöteter Sohn wird durch die Kraft eines schönen singenden Vogels wieder lebendig.
V. 4590 f.	**Glocke, Stäbchen, Blutstuhl**	Die Armesünderglocke wurde bei der Hinrichtung geläutet, ein weißer Stab über dem Betroffenen zerbrochen, dann wurde der Verurteilte auf einem Stuhl festgebunden und geköpft.

3.6 Stil und Sprache

ZUSAMMENFASSUNG

Das Stück bietet eine Vielzahl sprachlicher Erscheinungen, von Einflüssen des Frankfurter **Dialekts** Goethes bis zu **Wortneuschöpfungen**. Von der ursprünglich (im *Urfaust*) verwendeten freien Rede/Prosa ist nur ein Rest in der Szene *Trüber Tag. Feld* geblieben. Bei der Umarbeitung in Verse wurde nicht, wie im klassizistischen Drama, der Alexandriner verwendet, der den Stürmer und Drängern als schwerfällig und überholt galt. Stattdessen bevorzugte Goethe in der (klassischen) Endfassung **Blank-, Knittel- und Madrigalvers** („Faustvers"). Ein besonderes Gewicht erhielt die **Stanze**.

Anachronismen

Frankfurter Dialekt

Goethe bemühte sich, der Lebenszeit seiner Hauptfigur entsprechend, um sprachliche Elemente Luthers und der frühen Neuzeit („Juristerei", „ich armer Tor", „Magister" usw.), aber es finden sich auch Anachronismen im Dramentext: Marthe möchte den Tod ihres Mannes im „Wochenblättchen" (V. 3012) lesen; so etwas gibt es aber im 16. Jahrhundert noch nicht. Auch Goethes Frankfurter Dialekt drang, vermutlich unabsichtlich, in den Dramentext ein. So reimte der Dramatiker etwa: „Floh" auf „Sohn" (V. 2212/2214) im *Flohlied* und „Ich kenne Sie jetzt, mir ist das gen*ug*;/Sie hat da gar vornehmen Bes*uch*." (-nuch – such; V. 2901 f.), auch „Ach n*eige*,/Du Schmerzensr*eiche*." (neiche – reiche; V. 3587 f.) sowie „Tage" und „Sprache" (Tache – Sprache, V. 3463 f.). Besonders in Fausts Dialogen mit dem Erdgeist stehen neben archaisch wirkendem Wortmaterial, Hinweis auf Fausts akademische Bildung,

Wortneuschöpfungen

auch moderne Neuschöpfungen[66], die dem Sturm und Drang entstammen und vor allem Gefühlssituationen beschreiben wie „Lebensfluten" und „Tatensturm" (V. 501). Dazu gehört auch „Übermensch" (V. 490). Mit Sprache stellte Goethe grundsätzliche Gegensätze aus und ließ die Personen darüber reflektieren. Der hohen Sprache des Herrn und der Erzengel begegnet Mephisto mit nüchtern-sachlichen Alltagsworten und vermerkt: „Verzeih, ich kann nicht hohe Worte machen/(...) Mein Pathos brächte dich gewiss zum Lachen" (V. 275 ff.).

Freie Rede

Zum **Bruch mit dem klassizistischen Vorbild** und als Formmittel des Sturm und Drang gehörte, die Sprache im *Urfaust* rigoros aus ihren rhythmischen Bindungen zu lösen und statt des im 18. Jahrhundert üblichen Alexandriners die freie Rede zu verwenden. Den Alexandriner verwendete Goethe allerdings später in einzelnen Versen im *Ersten Teil* (V. 2362, 2674) und an wenigen Stellen im *Zweiten Teil*. Die Prosa gab tragischen Szenen des Stücks zuerst „Natürlichkeit und Stärke", die Goethe aber 1798, inzwischen klassisch orientiert, als „sonderbaren Fall" diagnostizierte und „ganz unerträglich" fand: „Ich suche sie deswegen gegenwärtig in Reime zu bringen, da denn die Idee wie durch einen Flor durchscheint, die unmittelbare Wirkung des ungeheuren Stoffes aber gedämpft wird."[67]

Verse statt Prosa

Lieder und Liedparodien

Im *Urfaust* standen Verse gleichberechtigt neben der Prosa. Von ihr ist ein Rest in der Szene *Trüber Tag. Feld* geblieben, alles andere ist in durch den Klang mildernd wirkende Verse gewandelt worden. Eingeflochten waren und blieben Liedparodien wie in *Auerbachs Keller* und Lieder wie „Es war ein König in Thule" (V. 2759 ff.) – die Romanze entstand 1774 unabhängig vom *Faust* – und „Meine Ruh ist hin" (V. 3374 ff.). Die Ballade vom *König in*

---

66 Vgl. Schmidt, S. 90.
67 Brief vom 5. Mai 1798 an Schiller. In: Gräf, *Briefwechsel*, Bd. 2, S. 90 f.

Thule kontrastiert Gretchens Erwartung an die Liebe mit den tatsächlichen Entwicklungen, wie sie in der Szene *Am Brunnen* erfahren muss. Die Aufnahme von Liedern war Folge der von Herder angeregten Sammlung der Volkslieder im Sturm und Drang.

Faust. Der Tragödie Erster Teil lebt von **zahlreichen und schnellen Wechseln der Versmaße**. Wichtige Maße sind:

Knittelvers

Knittelvers – Es ist ein gleichmäßiger vierhebiger deutscher Vers, mit einer freien Zahl von Senkungen, wodurch es zur schwankenden Silbenzahl kommt (meist zwischen 7 und 10): -vv-v-vv- („Habe nun, ach! Philosophie", V. 354). Da die sinntragende Silbe nicht immer mit der Hebung zusammenfällt, erscheint der Vers manchmal schwerfällig, woraus seine Bezeichnung entstanden ist. Der Knittelvers, mit dem Faust seine Abrechnung mit den Fakultäten eröffnet, weist einen Paarreim auf („Da steh ich nun, ich armer Tor!/Und bin so klug als wie zuvor." V. 358 f.) mit wechselnder Hebung und Senkung.

Madrigalvers

Madrigalvers – aus der italienischen Chor-Dichtung stammend und ursprünglich nur in Verbindung mit Musik (J. S. Bachs Kantaten und Oratorien) verwendet, ohne festgelegte Taktzahl (4- bis 12-silbig), also beliebig lange Verse: v-v-v-v-v-v- („Der kleine Gott der Welt bleibt stets von gleichem Schlag", V. 281). Der Madrigalvers besteht aus Jamben mit wechselnder Zahl der Hebungen; er ist das Grundmetrum des *Faust* und bestimmt, einschließlich der *Tragödie Zweiter Teil*, etwa 40 % der Verse.[68] Er wird heute als **Faustvers** bezeichnet, dann erscheint er jambisch, da er dem Stück das charakteristische Maß gibt: Die Zahl der Hebungen wechselt zwischen vier und sechs. Der Madrigalvers kann auch Lied- und Knittelverse in sich aufnehmen. Schon der junge Goe-

---

68 Vgl. Schmidt, S. 334.

the bediente sich eines „zwischen dem Knittelvers und Madrigal schwebenden Silbenmaßes“[69].

Blankvers

Blankvers – der von Shakespeare auf die deutschen Dichter gekommene Vers ist das wichtigste Metrum der klassischen deutschen Literatur. Er ist der fünfhebige Jambus ohne Reim (blank): v-v-v-v-v-v: „Ein Komödiant könnt einen Pfarrer lehren“. Zusammenhängend im Blankvers erscheint Fausts Monolog zu Beginn von *Wald und Höhle* (V. 3217 ff.).

Stanze

Stanze (Ottave rime = Achtzeiler) – die in der deutschen Literatur selten, aber berühmt ist (ital. stanza = Zimmer, bedeutet: Reimgebäude). In romanischen Literaturen ist die Stanze die bevorzugte Form für das Epos geworden (Tasso, Ariost). Sie wird im Deutschen meist aus acht jambischen Fünfhebern gebildet mit einer strengen Reimbindung aus zwei Terzinen (erster Teil) und einem Reimpaar (zweiter Teil), das die Strophe zusammenfasst (abababcc). Die *Zueignung* ist „die **Tragödie in lyrischer Form**. Das elegische Thema der *Zueignung* sind die negativen Seiten des Liebes- und Wertverlusts“[70].

Goethes Stanzen der *Zueignung* haben die Besonderheit, dass die beiden abschließenden Verse der jeweiligen Stanze mit den anderen abschließenden Versen erneut eine achtversige Strophe bilden könnten – kenntlich gemacht durch das reihende „und“. Die *Zueignung* bewirkt durch die feierliche Form der Stanze eine hohe Erwartung an den folgenden Text, der im *Vorspiel auf dem Theater* die feierliche Stanze (V. 59–74) mit dem Knittelvers (V. 33 ff.) – konfrontiert und dadurch eine Spannung zwischen hohem und volkstümlich verbreitetem Ton schafft. Die Stanze verwendet Goethe in *Zueignung* als lyrische, in der Erinnerung an Ariost und Tasso als epische und in ihrer Verwendung im *Vorspiel* als dramatische Form.

---

69 Goethe: *Aus meinem Leben. Dichtung und Wahrheit*, 5. Buch, BA 13, S. 179.
70 Scholz, S. 101.

3.7 Interpretationsansätze

ZUSAMMEN-FASSUNG

Im Zentrum aller Interpretationen stehen immer wieder: Faust als Beispiel des nach Erkenntnis strebenden widersprüchlichen Menschen, seine Beziehung zu Mephisto als Ausdruck einer dialektischen Beziehung und ihre Umsetzung durch Ironie als Wesensmerkmal besonders bei Mephisto. Faust steht im Spannungsfeld fast aller zu jener Zeit denkbaren Gegensätze. Dabei gibt es gravierend gegensätzliche Interpretationen.

Das Faustische und der Widerspruch

Das zentrale Thema des Werkes ist **Fausts Suche** nach den Gesetzmäßigkeiten der Welt. Es gab in der Geschichte der *Faust*-Rezeption große Unterschiede beim Verständnis dieses Themas: Einerseits galt Faust als Inbegriff des Strebsamen, verdichtet im **Begriff des „Faustischen“**, und das wiederum war der Grund für die Erlösung am Ende des Zweiten Teils. Andererseits galt Faust als der Gescheiterte und Versagende, dessen Weg mit Vernichtungen und Irrtümern gepflastert und dessen Rettung nicht einzusehen sei. Zwischen diesen Extremen bewegten sich alle denkbaren Interpretationen.

Der Strebende oder der Gescheiterte?

Das Interesse Fausts an den Menschen ist gering; sie sind für ihn „Pöbel“. Ob sie überhaupt „zu bessern“ sind, bleibt dahingestellt. Dass Faust etwas dafür tun will, wie Interpreten[71] behaupten, ist fraglich. Um soziale Widersprüche geht es Faust nicht; er möchte erkennen, „was die Welt/Im Innersten zusammenhält“

Erkenntnis statt Engagement

---

71 Vgl. Hartmann, S. 62.

(V. 382 f.). Folgen für die Gesellschaft hat das nicht, denn die Erkenntnisse werden nur am Rande sozial wirksam. Faust will sogar in den Tod gehen, um die Grenze des menschlichen Wissens zur göttlichen Erkenntnis hin zu überschreiten. Bereits im *Urfaust* ist Goethes Faust keine überhöhte nationale Mythenfigur, sondern ein **widersprüchlicher Mensch**, der ebenso nach Erkenntnis strebt, wie er Vernichtung bringt. Goethes Faust geht nicht mehr grässlich wie in der volkstümlichen Warnschrift unter, sondern bekommt durch den *Prolog im Himmel* sogar frühzeitig Rettung signalisiert. Der *Prolog* relativiert die Herrschaft Mephistos und deutet an, dass der Teufel am Ende keine Macht über Fausts Seele haben wird, denn der Herr – nicht irgendwer – weiß: „Ein guter Mensch in seinem dunklen Drange/Ist sich des rechten Weges wohl bewusst.“ (V. 328 f.)

Keine überhöhte nationale Mythenfigur

Dialektik und Ironie

In Faust ist **ein dialektischer Gegensatz** angelegt, unter dem Goethe das gesamte Stück gestellt hat. In Faust stehen sich Gut und Böse als zwei Seiten einer Medaille gegenüber, „… was wir bös nennen, ist nur die andre Seite vom Guten, die so notwendig zu seiner Existenz und in das Ganze gehört“[72]. Faust bildet mit Mephistopheles eine Einheit. Ist Faust einerseits ein Verwandter des schöpferisch strebenden Prometheus, ohne mit ähnlichen Taten glänzen zu können, so ist er andererseits ein Vertrauter Luzifers. Das ist zu bedenken, weil in der deutschen Geistesgeschichte das Faustische oft nur als das Schöpferische verstanden wurde[73], ohne zu berücksichtigen, dass auch die Vernichtung zum Faustischen gehört.

Einheit Faust – Mephistopheles

---

72 Goethe: *Zum Schäkespears Tag*. In: BA 17, S. 187 f.

73 Diese Ideen finden sich z. B. bei dem Philosophen Oswald Spengler (*Der Untergang des Abendlandes*, 1918–1922).

„Jede heutige Faust-Interpretation muss nüchterne Ideologiekritik mitleisten, denn die Skepsis gegen das ‚Faustische' kann Goethes Faust nicht ausnehmen, der seine paradigmatische Bedeutung behält, doch als Protagonist eines Dramas, das die Gattungsbezeichnung Tragödie trägt, alles Vorbildhafte verliert."[74]

Dialektische Setzung auf allen Ebenen

Die dialektische Setzung findet sich auf allen Ebenen: Zum Himmel gibt es die Hölle, zu dem Herrn den Teufel, zu den Erzengeln den „Lichtbringer" Luzifer, der von Gott aus dem Licht in die Finsternis (Hölle) verstoßen wurde, zu Faust als Akademiker seinen Famulus Wagner. Dialektisch gehören zusammen Magie und Wissenschaft, Natur und Zivilisation, Gefühl und Vernunft, Kunst und Wirklichkeit, Fantasie und Erfahrung, Seele und Körper, Leidenschaft und Verstand. Faust steht inmitten dieser Spannungen und kann deshalb seine Wette mit dem Teufel ohne Gefahr eingehen. Würde er den Augenblick beschwören, um ihm Dauer zu verleihen, gäbe er seine Stellung in diesem dialektischen Geflecht auf und würde sich selbst negieren, da es keine Entwicklung mehr gäbe.

Ironie

Das gestalterische Mittel der Dialektik ist die Ironie. Bereits im *Vorspiel auf dem Theater* ist **Ironie** im Vergleich mit der *Zueignung* zu erkennen. Sie wird in das Stück übernommen, von Mephisto auf Situationen und Personen angewendet und bekommt eine vielschichtige Funktion, vom verneinenden „Schalk" (V. 339), wie der Herr Mephisto sieht, bis zum menschenverachtenden Zynismus Mephistos. Das beginnt handlungsbestimmend mit Mephistos Auftritt als Hund – er bedient damit den Volksaberglauben – und endet zynisch, als er Fausts Vorwürfen begegnet, ihm Gretchens Elend verschwiegen zu haben: „Sie ist die Erste nicht." (S. 128)

---

74 Keller 1992, S. 259.

FAUST IM SPANNUNGSFELD DER GEGENSÄTZE

Himmel	⟷	Hölle
der Herr (Gott)	⟷	Mephisto
die Erzengel	⟷	die Hexen, Kater und Meerkatzen
„Bruderspһären Wettgesang" (V. 244)	⟷	„Geisterchor" (vor V. 1607)
die Wette des Herrn	⟷	die Wette des Teufels
„Christ ist erstanden" (V. 737)	⟷	„wir finden/Christ nicht mehr" (V. 755 f.)
Osterspaziergang (Auferstehung)	⟷	der schwarze Hund („Feuerstrudel")
das gotische Zimmer	⟷	vor dem Stadttor
Erdgeist	⟷	Wagner
Nacht	⟷	Tag

Fausts Geist „ungebändigt immer vorwärts dringt" (V. 1856 f.)	Wette	„Verweile doch! Du bist so schön." (V. 1700)

Faustisches	⟷	**Mephistophelisches**
Fausts Seele soll erlöst werden	⟷	Faust soll Irdisches genießen
Margarete	⟷	die schönste Frau (Helena)
Wissenschaft	⟷	Magie, Glauben
Verstand/Vernunft, von Mephisto verachtet	⟷	Leidenschaft

Faust verursacht Opfer	⟷	Faust bringt schöpferische Leistung (Bibelübersetzung)
Faust glaubt als Arzt versagt zu haben	⟷	hat als Arzt während der Pest geholfen (V. 1000 ff.)
fortwährendes Streben	⟷	dem Augenblick Dauer verleihen

Die Formulierung findet sich drei Mal im Protokoll des Verfahrens gegen die Kindesmörderin Susanna Margaretha Brandt.[75] In der Spanne von heiterer Ironie bis zu verachtendem Zynismus setzt Mephisto alle Mittel distanzierender Brechung ein. Sie wird zum **wirkungsvollen Gestaltungsmittel** und beherrscht Szenen wie die Schülerszene – Mephisto spielt die Karikatur eines akademischen Lehrers –, die *Walpurgisnacht* und das Intermezzo (*Walpurgisnachtstraum*). Für Mephistopheles ist die Ironie **Ausdruck seines Verneinungswillens** und der wesentlichste Charakterzug; sie wird auch zu seinem Problem. Er als Gestalt des Verneinens und des irdischen Übels will Fausts ständiges Verneinen und Übel überwinden und ihm zum erfüllten Augenblick helfen. Das gelänge nur, wenn er sich selbst verneint.

Gegen die Ironie ist die Harmonie gesetzt; sie ist **nur an wenigen Stellen** zu finden. Die Verse der drei Erzengel sind von sprachlicher, reimtechnischer, rhythmischer und klanglicher Schönheit, sie ruhen in sich und ihrer Vollkommenheit und bedeuten poetische Unsterblichkeit. Sie entsprechen der Harmonie des antiken Himmels der Kristallschalen. Die auf die pythagoreische Kosmologie zurückgehende Vorstellung der rotierenden Kristallschalen, an denen die Planeten hängen, war wissenschaftlich seit Giordano Bruno und Johannes Kepler widerlegt, aber als ästhetische Vorstellung gehörte sie noch in der Goethe-Zeit zum allgemeinen Bildungsgut.

Harmonie

---

75 Vgl. Birkner, S. 24.

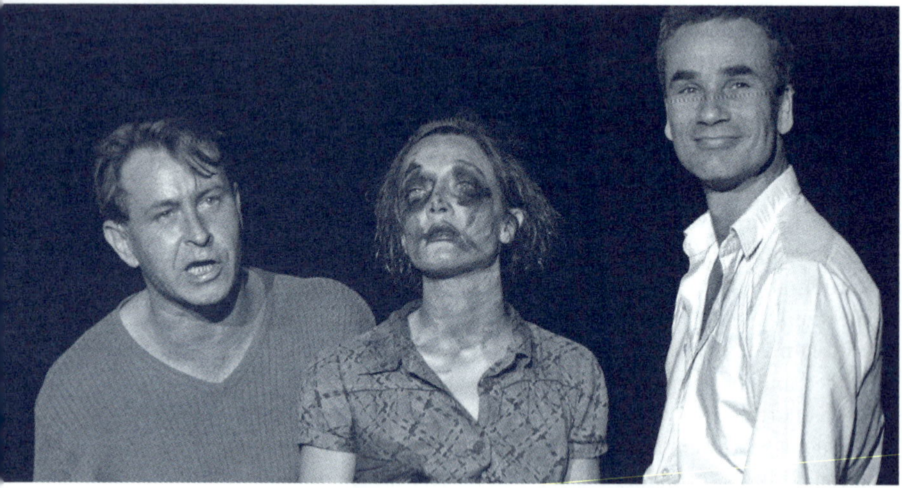

Faust, Gretchen und Mephisto in der Inszenierung von Michael Thalheimer, Deutsches Theater Berlin (2004)
© ullstein bild – Will

Faust und Gretchen – das Thema des Kindesmordes

Thema der Kindesmörderin

Ein Thema voll sozialer Sprengkraft ist das der Kindesmörderin. Im *Faust* ist die Sympathie des Dichters eindeutig auf der Seite Gretchens, denn es handelte sich um ungelöste existenzielle Widersprüche. In der Szene *Am Brunnen* wird in Lieschens Rede deutlich, wie man in dieser Epoche an Betroffenen seine Schadenfreude abreagierte. Tatsächlich stoßen gesellschaftliche Gesetzlichkeit und natürliches menschliches Verlangen aufeinander, weisen die Grenzen der menschlichen Ordnung und die Hilflosigkeit der Gesetzgebung aus. Solche Kindesmörderinnen waren **Lieblingsfiguren des Sturm und Drang**, denn an ihnen ließen sich nicht nur freizügig Gefühle und sinnliche Erfüllung, sondern auch die sozialen Zwänge ausstellen. Sie waren Sinnbild des Zusammenstoßes eines weiblichen unterdrückten Individuums in einer männlich dominierten Gesellschaft. Wurden diese ledigen Mütter zur Kindesmörderin, waren sie in den Augen der Sturm-und-Drang-Dichter Opfer einer ungerechten Gesellschaft. Gretchen in Goethes *Faust* wurde Höhepunkt der Entwicklung dieses Themas. – Andererseits hielt Goethe als Staatsmann die gesellschaftliche Gesetzlichkeit aber selbst ein. Der gleiche Goethe, der eine Kindermörderin als Opfer vorführte, entschied auf die Todesstrafe, als ihm als Angehörigen des Geheimen Conseils ein Fall vorgelegt wurde und er als hoher Beamter juristisch, nicht poetisch zu entscheiden hatte. „Das Schockierende ist die Lässigkeit, mit der er … sein Ja zur Todesstrafe gibt.“ [76] Das betraf die **Kindesmörderin Anna Catharina Höhn**, eine ledige Magd aus Tannroda.

Opfer einer ungerechten Gesellschaft

Goethes Ja zur Todesstrafe

Formale Aspekte

Interpretatorische Aufmerksamkeit gehört schließlich der Form. Die **Handlungszeit** des *Faust* ist identisch mit der des *Götz von Berlichingen*. Es ist eine Umbruchszeit nach 1500, die in Andeutungen, in ironischen Brechungen und durch wenige historische Vorgänge wie die Lebensdaten Fausts und den Hinweis auf die Bedrohung Europas durch die Türken gesichert ist. Die anerkannte **aristotelische Dreieinheit** (des Ortes, der Zeit und der Handlung) wurde aufgelöst und die Einheit der Zeit umfassend ausgedehnt, denn das Theater lasse „die Geschichte der Welt vor unsern Augen an dem unsichtbaren Faden der Zeit“ [77] vorbeiwallen. In Straßburg hatte sich Goethe mit Shakespeare beschäftigt und erkannt, dass dieser Dichter ein unerreichbares Vorbild, dadurch aber auch eine große Belastung für sein Schreiben sein konnte. Shakespeares Werke überzeugten Goethe, dass der vorgegebene Bühnenraum, die Voraussetzung für die Einheit des Ortes, und „die kurze, einer

Form

Einfluss Shakespeares

76 Damm, *Christiane und Goethe*, S. 90.
77 Goethe: *Zum Schäkespears Tag*, BA 17, S. 187.

Vorstellung zugemessene Zeit", die Bedingung für die Einheit der Zeit, nicht geeignet schienen, „um etwas Bedeutendes vorzutragen"[78]. Noch gründlicher als im *Götz von Berlichingen* gab er der Dreieinheit eine neue Form: Der Handlungsort wurde in viele Orte aufgelöst und verließ die Ebene der realen menschlichen Erfahrung, indem er einmal den Himmel, zum anderen die Hexenküche und die Walpurgisnacht einbezog. Das bedeutete in der Auswahl der Orte einen **Bruch mit der aristotelischen bzw. klassizistischen Dramaturgie**.

Literatursatire statt Sozialkritik

Die *Hexenküche* hat Elemente, die auf die Französische Revolution zu verweisen scheinen.[79] Die Szene ist vor der Revolution in Rom entstanden; die Zeilen, die sozialkritisch erscheinen – „Bettelsuppen" (V. 2392) – gehören vermutlich 1795 ins Umfeld der *Xenien* (vgl. Anmerkung zu V. 4303) und betreffen nicht „die äußerste Armut des Volks"[80], für die Goethe zu dieser Zeit weder einen Blick noch ein Gespür hatte. Literatursatire durchzieht die *Hexenküche* und *Walpurgisnacht* samt *Walpurgisnachtstraum*: Das Spiel im Spiel *Walpurgisnachtstraum oder Oberons und Titanias goldne Hochzeit* steht in der Tradition Shakespeares (*Hamlet*, *Sommernachtstraum*). Elemente des Fastnachtsspiels (Herold als Titelerklärer) weisen auf Hans Sachs. Mit der Handlung hat die Szene mittelbar zu tun; der **Untertitel *Intermezzo*** weist darauf hin und lässt die Distanz zur übrigen Handlung ahnen. Satansszenen sollten sich „nach dem Intermezz."[81] anschließen: Satan lässt sich auf dem Brocken huldigen. Der *Walpurgisnachtstraum* ist eine Literatursatire. Friedrich Nicolai, ein energischer, aber uneinsichtiger Aufklärer, der Geistererlebnisse dadurch vertrieb, dass er Blutegel

---

78 Goethe: *Dichtung und Wahrheit*, BA 13, S. 613.
79 Vgl. Gaier, S. 126.
80 Ebd., S. 129.
81 BA 8, S. 571, Paralipomenon Nr. 48.

an den Hintern setzte, war in der Walpurgisnacht der „Proktophantasmist"[82] (V. 4144 ff.) und ist nun ein „neugieriger Reisender"[83] (V. 4267). Unter den satirisch behandelten Zeitgenossen befinden sich auch der Theatermeister Mieding (von Goethe verehrter und bedichteter Hoftischler am Theater in Weimar), der Graf Friedrich Leopold von Stolberg (Orthodox, V. 4275 ff.), der als Katholik gegen Schillers heidnische Auffassungen im Gedicht *Die Götter Griechenlands* polemisierte, der Schriftsteller und Komponist Johann Friedrich Reichardt (Windfahne[84], V. 4295 ff.), der als doppelzüngig galt, usw. Auch Goethe erscheint als „Nordischer Künstler", der durch die italienische Reise zur wahren Kunst gekommen ist.

Friedrich Nicolai: der „Proktophantasmist"

Es sind die dünnen Bettelsuppen der zeitgenössischen Unterhaltungsliteratur und der aufklärerischen Erbauungsliteratur, denen Goethes Kritik gilt. Auch finden sich nicht „besonders viele Alexandriner", wie Ulrich Gaier behauptet, und keinesfalls erhält die *Hexenküche* dadurch „einen ‚französischen' Anstrich"[85], der Alexandriner war längst zu einem deutschen Versmaß geworden. Die *Hexenküche* zeichnet sich durch ein Konglomerat von Versmaßen aus. An die Literatursatire erinnert Mephisto durch den Hinweis auf die „aufrichtigen Poeten" (V. 2464).

---

82 Der Name bedeutet „Steiß" und „Geistererscheinung" und bezieht sich auf Nicolais Behandlungsmethode, die er in einem Vortrag in der Berliner Akademie vorstellte.
83 Anspielung auf Nicolais *Beschreibung einer Reise durch Deutschland*, von der 1796 der 11. Band erschienen war.
84 Reichardt, Goethe freundschaftlich verbunden, äußerte sich anonym gegen ihn. Goethe nannte ihn einen „falschen Freund" (30. 1. 1796 an Schiller).
85 Ebd., S. 130.

4. REZEPTIONSGESCHICHTE

ZUSAMMEN-FASSUNG

- *Faust* wirkte von seinem Erscheinen bis heute vielfältig auf Kunst und tägliches Leben. Zeitgenossen glaubten Goethe sowohl in Faust als auch Mephisto zu erkennen.
- Die Romantiker begrüßten vor allem die Schluss-Szene.
- Schon früh kam es zu Nachahmungen und Parodien.
- Eine eigene Rezeptionsgeschichte bilden die Anekdoten.
- Bedeutende Auseinandersetzungen mit der Faust-Gestalt schrieben u. a. Thomas Mann *(Doktor Faustus)* und Volker Braun *(Hinze-Kunze-Roman)*.
- Nach 1945 schien die Faust-Figur diskreditiert und galt mitschuldig am „deutschen Wesen".
- Berühmt wurde die Verkörperung des Mephisto durch Gustav Gründgens.
- Eine folgenreiche Inszenierung geschah 1968 am Deutschen Theater in (Ost-)Berlin, an die sich in der DDR eine wichtige Debatte anschloss.
- Goethes Stück hat auch zu verschiedenen Legenden und Verschwörungstheorien (Freimaurerei) angeregt.
- Neue Akzente für das Verständnis des Stückes und künftige Inszenierungen setzte im Jahr 2006 die *Faust*-Konferenz am Deutschen Theater.
- *Faust* ist bis heute das meistbesuchte Theaterstück.

Reaktionen bis zum „Ende der Kunstperiode"

Goethes *Faust* hat in allen Bereichen der Kunst und des täglichen Lebens seine Spuren hinterlassen, ob als Kunstwerk, das nach einer Interpretation verlangte, als Thema für andere Künste und Kunstwerke oder als Zitatenspender.

Vielfältige Spuren

Im Freundeskreis Goethes war das Stück umstritten, kritisierende Zeitgenossen gab es zur Genüge. Der Kreis um den als „Proktophantasmisten" verspotteten Berliner Aufklärer und Literaturkritiker **Friedrich Nicolai** hielt das Werk für unverschämt, Fausts Charakter für mangelhaft und den Mephisto für einen „elenden Hanswurst". Neben geglückten Szenen gäbe es viel „alltägliches, gemeines Geschwätz", ein Intermezzo (der *Walpurgisnachtstraum*) mit „pöbelhaften Zoten", das danach verlangte, sich „diesem goethischen Unwesen (zu) widersetzen"[86]. Der Aufklärer und Weimarer Freund Goethes **Christoph Martin Wieland** war dagegen beeindruckt, aber auch irritiert von der „barockgenialischen Tragödie", dem „exzentrischen Geniewerk", das eine Mischung aus „diabolischer Schöpfungskraft" in der **Art des „Höllen-Breughel"**[87] und „pöbelhafter Unfläterei" in der Art des Aristophanes sei. Mit dieser Mischung habe sich Goethe mehr geschadet, „als ihm sein ärgster Feind jemals schaden könnte"[88]. Die Figur des Gretchens hielt man bei Goethe und in der deutschen Literatur für neuartig. In ihrer Naivität und Unschuld sah man jene Werte, zu denen sich der Sturm und Drang verpflichtet hatte. In der formalen Anlage hatte Goethe das Fassungsvermögen seiner Zeitgenossen überfordert, indem er aristotelische Strukturen mit

Zeitgenössische Rezeption

„goethisches Unwesen"

---

86 Der Lehrer Christoph Daniel Ebeling an Friedrich Nicolai, 14. Juni 1808. In: Bode, Bd. 2, S. 392 f.

87 So wurde, im Unterschied zu seinem Vater, dem Bauern-Breughel, der flämische Maler Pieter Brueghel der Jüngere (1564–1638) genannt.

88 Christoph Martin Wieland an den Dichter und Zensor in Wien Joseph Friedrich von Retzer, 20. Juni 1808. In: Bode, Bd. 2, S. 393 f.

Überfordertes Publikum

denen des Shakespeare-Dramas verband und in diese Mischung noch Versatzstücke aus deutscher Schwank- und Fastnachtsspieltradition einfügte.

Die ersten Leser spürten die Einzigartigkeit des Werkes. **Therese Huber** (1764–1829), die Frau Georg Forsters, schrieb am 12. Juni 1808 an den Züricher Dichter und Zeichner Johann Martin Usteri:

„Wie deucht Ihnen Goethes *Faust*?"

> „Wie deucht Ihnen Goethes *Faust*, soweit er nun da ist? Nicht als Drama, nicht als geregeltes Kunstwerk, aber als Frucht eines Geistes? Ist da nicht Kunst und Natur erschöpft? Ist nicht das Weh und Glück des Menschen darin erschöpft?" [89]

Sie erkannte im Gegensatz zu vielen anderen, die Faust vorschnell mit Goethe identifizierten, im Mephisto ein Abbild des Dichters. Die Romantikerin **Dorothea Schlegel** sah in dem fertigen Werk noch mehr Fragment als im früheren, erkannte die Satire auf Nicolai und kritisierte: „Das Verhältnis des Menschen zum Bösen ist, meine ich, auch gar nicht klar und bestimmt genug dargestellt." Calderon sei tiefer gewesen, aber die „letzte Szene von Gretchen im Gefängnis", die ebenfalls Calderons Geist atme, wurde in höchsten Tönen gelobt und als „romantisch-tragisch im allerhöchsten Sinn" [90] gepriesen. Folgenreich war **Heinrich Heines** Beschäftigung mit dem Faust-Stoff. Einem Freunde gestand er, einen *Faust* schreiben zu wollen, „nicht um mit Goethe zu rivalisieren, nein, nein, jeder Mensch sollte einen *Faust* schreiben" [91]. Heine besuchte Goethe am 2. Oktober 1824 in Weimar. Als die-

„Jeder Mensch sollte einen Faust schreiben"

89 Ebd., S. 392.
90 Dorothea Schlegel an ihren Mann Friedrich Schlegel, 24. Juni 1808. In: Bode, Bd. 2, S. 395 f.
91 H. H. Houben (Hrsg.): *Gespräche mit Heine*. Potsdam: Rütten & Loening, 2. Aufl. 1948, S. 81.

ser ihn fragte, womit er sich beschäftigte, „antwortete der junge Dichter: ‚Mit einem Faust.' Goethe (...) stutzte ein wenig und fragte in spitzem Ton: ‚Haben Sie weiter keine Geschäfte in Weimar, Herr Heine?'"[92]

Pläne für Aufführung

Ursprünglich hatte Goethe wie bei seinem *Tasso* oder der *Natürlichen Tochter* keine Aufführung im Sinn. Allerdings begann die Dichtung bald nach Goethes Ankunft in Weimar 1775 zu wirken, da Goethe sie bei Hofe oder Freunden vorlas. Szenen wurden rezitiert.[93] 1810 überlegte Goethe erstmals eine Aufführung; im April des Jahres trug Ludwig Devrient in Breslau das *Vorspiel auf dem Theater* vor. In Abständen kamen diese Ideen wieder.

Obwohl *Faust* nicht aufgeführt war, interessierte sich die literarische Öffentlichkeit für den Dichter und das Werk. Daran hatte **Madame de Staël** (Anne-Louise-Germaine Baronne de Staël-Holstein geb. Necker, 1766–1817) Anteil, die in ihrem Buch *De l'Allemagne* (*Über Deutschland*, 1813/14) nicht nur ihre Begegnungen mit Goethe beschrieb, sondern auch Teile des *Faust* übersetzte und einfügte. 1819 wurden einige Szenen des Stückes im Palais des Fürsten Radziwill in Berlin mit der Musik des Fürsten aufgeführt; Goethes Sohn August mit seiner Frau Ottilie waren dabei.[94]

Nachahmungen und Parodien

Fortsetzungen und Variationen

Zur Rezeption gehören zahlreiche **Parodien**[95] auf Goethes *Faust*: Fortsetzungen und Weiterführungen wie die von F. T. Vischer; Variationen auf die bekannten und immer wieder zitierten

92 Ebd., S. 100
93 Ebd.
94 Die Aufführung der gesamten Musik Radziwills fand erst am 26. Oktober 1836 in der Berliner Singakademie statt. Eduard Devrient richtete die Aufführung ein und las den Text.
95 Eine Auswahl von *Faust*-Parodien bei Schmidt, S. 326 f. Darunter befinden sich: *Mephistopheles und die Universitäten* von Rudolf von Laun (Hamburg 1969), *Goethes V'st* von F. J. Bogner (Darmstadt und Neuwied 1973) und Jürgen von Mangers *Bleibense Mensch* (München 1974).

Ausschnitte oder Variationen auf das gesamte Stück. Jüngste Beispiele sind Rolf Vatkes *Goethes Faust in Schüttelreimen* (1999)[96] und Peter Ensikats *Ostspaziergang*[97].

Thomas Manns *Doktor Faustus*

Eine außergewöhnliche Auseinandersetzung mit Goethes *Faust* stellte 1947 Thomas Manns Roman *Doktor Faustus* dar. Die symphonische Kantate *Dr. Fausti Weheklag*, in der Thomas Mann den Namen Fausts verwendet, den er sonst sorgsam vermeidet, geht auf das Volksbuch zurück. Thomas Mann vereinigte seine Goethe-Themen: Intimes und Gesellschaftliches, Ästhetisches und Politisches. Es war ein Roman gegen Hitler und einer für Goethe, in dessen Nachfolge sich Thomas Mann sah. Es war für Thomas Mann notwendig, „einen *Faust* zu schreiben, weil auch Goethe einen geschrieben hatte"[98]. Es war umso dringlicher, weil sein Faust nicht vom Schöpferischen, sondern vom Zerstörerischen geprägt wurde. **Thomas Mann gab damit eine entscheidende Ergänzung zur deutschen Nationallegende.**

1952 beschäftigte sich **Bertolt Brecht** mit dem *Urfaust*.[99] Goethes *Faust* war ihm zuerst Material, das verwendet werden konnte. So wurde die *Garten*-Szene, in der die beiden Paare Marthe und Mephisto sowie Gretchen und Faust miteinander sprechen, in der 13. Szene im *Aufhaltsamen Aufstieg des Arturo Ui* (1941) parodiert und auch die Gretchen-Frage eingefügt.[100] Parallel zu Brechts Bemühungen schrieb der **Komponist Hanns Eisler** ein Libretto für

---

96 Rolf Vatke: *Goethes Faust in Schüttelreimen.* Gesprochen von Helmut F. Albrecht, gezeichnet von Rolf Henn, inszeniert und produziert von Wolfgang Zinke. Baden-Baden: Merkton-Verlag, 1999 mit CD, S. 11.

97 Ebd., S. 155.

98 Hermann Kurzke: *Thomas Mann. Das Leben als Kunstwerk.* München: Verlag C. H. Beck, 1999, S. 494.

99 Vgl. dazu: Werner Mittenzwei: *Das Leben des Bertolt Brecht oder Der Umgang mit den Welträtseln.* 2. Band. Berlin: Aufbau-Verlag, 1986, S. 460 ff.

100 Vgl. dazu: Rüdiger Bernhardt: *Ein Gangsterstück im großen Stil. Brechts Der aufhaltsame Aufstieg des Arturo Ui.* In: Winfried Freund (Hrsg.): Deutsche Komödien. München: Wilhelm Fink Verlag, 1988 (UTB 1498), S. 248 ff.

eine „deutsche Nationaloper" *Johann Faustus* (1952), das zu heftigen Auseinandersetzungen in der Ostberliner Akademie der Künste führte. Weil Eisler versucht hatte, zu dem vorgoethischen Faust zurückzukehren – der Bauernsohn Faust verrät die Bauern, um als scheinbar freier Mensch Macht und Ruhm zu erreichen; er erreicht höchste Leistungen als Wissenschaftler, kann diese aber wegen des Teufelspaktes nicht anwenden –, warfen Kritiker und Politiker der DDR Eisler vor, aus dem Humanisten Faust einen Renegaten geschaffen und Goethes Faust verraten, Utopien aufgegeben und Kunst ohne Hoffnung verkündet zu haben. Eisler brach die Arbeit an der Komposition 1953 ab.[101]

Rückkehr zum vorgoethischen Faust

Eine aufregende Rezeption erlebten Stoff und Werk Goethes bei dem Büchner-Preisträger des Jahres 2000 **Volker Braun**. Er eignete sich den Stoff an, projizierte ihn auf eigene Figuren und schrieb schließlich seine *Faust*-Variation *Hans Faust* (1968), die mehrfach umgearbeitet schließlich zu *Hinze und Kunze* wurde. Anregend bei der Beschäftigung mit *Faust* hat auf Braun der Literaturwissenschaftler **Hans Mayer** gewirkt, der eine intensive Auseinandersetzung mit Goethes Werk betrieb. Der Weg führte Volker Braun bis zum *Hinze-Kunze-Roman* (1985), in dessen Hauptgestalten Faust und Mephisto wieder auferstehen. In den „Notaten" Brauns zu *Hans Faust* findet sich die präzise Vorgabe für die Deutung, die Begriffe Brauns mit methodischen Vorgabe Hans Mayers verbindet:

Volker Braun: *Hinze-Kunze-Roman* (1985)

> „Faust will anfangs nicht alles wissen, sondern alles ändern: nicht spekulative Aktionen zur Befriedigung privater Interessen sondern bewusste Veränderung der Umstände, aus denen er

---

101 Vgl. dazu die ausführliche Beschreibung der Auseinandersetzung: Werner Mittenzwei: *Das Leben des Bertolt Brecht oder Der Umgang mit den Welträtseln*. 2. Band. Berlin: Aufbau-Verlag, 1986, S. 465 ff.

sich nur spekulativ retten konnte = Arbeit als bewusste Gestaltung des Geschichtsprozesses."[102]

„Heiroden sall he se!"

Rezeptionsgeschichte wäre über *Faust* in Anekdoten zu schreiben. In **Willi Bredels** Roman *Die Väter* (1941) aus der Trilogie *Verwandte und Bekannte* wird die **Gretchen-Tragödie auf der Reeperbahn** gespielt, bei der es einen „mörderischen Skandal" gab, der ein höchst witziges Ereignis ist, da das Publikum durchsetzte, dass Faust Gretchen heiratete: „Watt heet hier gerettet? ... Datt is Mumpitz ...! Heiroden sall he se ...!"[103].

Faust-Rezeption in den Weltkriegen

Faust als Marschgepäck

Ein Blick auf *Faust* in den Weltkriegen wäre nötig: Es wurde berichtet, dass die deutschen Soldaten mit dem *Faust* im Tornister 1914 in den Krieg zogen, „es hat vor allem von den Studenten unter ihnen gegolten"[104]. Ein solches Verständnis des *Faust* war ein **Missverständnis**, Goethe hatte keine nationale Begeisterung im Sinn. Nach dem Ersten Weltkrieg ergaben Zählungen in Leihbibliotheken, dass von jugendlichen Arbeitern der *Faust* „öfter verlangt worden ist als alle Dramen Schillers zusammen"[105].

Faust-Rezeption nach 1945

Diskreditierung nach 1945

Nach dem Zweiten Weltkrieg war auch *Faust* diskreditiert: Der mit ihm so gern verbundene Schöpfungsgedanke war in grausame Vernichtung umgeschlagen. So eröffneten die Theater oft mit simplen Unterhaltungsstücken wieder die Bühnen; vom *Faust* sprach

---

102 Programmheft „Hans Faust". Deutsches Nationaltheater Weimar (Uraufführung 27. August 1968).
103 Willi Bredel: *Die Väter*. Roman. Berlin – Leipzig: Volk und Wissen Verlag, 1950, S. 124; auch in: Willi Bredel: *Unter Türmen und Masten*. Schwerin: Petermänken-Verlag, 1960, S. 158 ff.
104 Buchwald, S. 15.
105 Ebd., S. 16.

keiner. Die Literaturwissenschaft verkürzte ihre *Faust*-Deutungen: Sie sah die östliche, „die kanonische Deutung" eines aufstrebenden Faust, der sich „als sozial verantwortlicher Kolonisator"[106] bewährte und nahm nicht die unterschiedlichen bis gegensätzlichen Lesarten von Gerhard Scholz, Heinz Hamm, Horst Hartmann und Joachim Müller zur Kenntnis. Sie reduzierte die andere Sicht, die vor allem von **Gustaf Gründgens** (1899–1963) seit 1958, als er den *Ersten Teil* inszenierte, abgeleitet wurde, auf die „Verdammung des unglückseligen Faust"[107].

Dass Goethes *Faust* auch andere Wirkungen haben kann, ambivalent und mitschuldig am „ominösen deutschen Wesen" sei, behauptete **Willi Jasper** in einem flott geschriebenen, faktografisch großzügigen Buch, in dem auch gegenwärtige Entwicklungen der Faust-Tradition erklärt werden. Jasper sieht in Faust den „Kontrahenten von Lessings Aufklärer Nathan"[108] und durchaus auch einen **Vertreter des Inhumanen**. Obwohl Faust einen Pakt mit dem Teufel eingegangen sei und zahlreiche Verbrechen begangen habe, bliebe er unbestraft. Die **Konfrontation *Fausts* mit Lessings *Nathan*** und ein Verständnis Fausts als Repräsentanten des Inhumanen setzte die Rezeptionslinie des verdammten Faust fort.

Mitschuldig am „ominösen deutschen Wesen"

Die Beschäftigung mit *Faust* erhielt um die Jahrtausendwende mehrere sich unabhängig voneinander entwickelnde Akzentuierungen. Eine Ursache dafür war die fragwürdige Feststellung, dass im Zusammenhang mit der „Wende" 1989 in der DDR „Goethes *Faust* (…) ideologisch heimatlos geworden"[109] sei. Nachdem 1990 die DDR der BRD beigetreten ist, wurde im Kontext der zahl-

106 Eibl, *Das monumentale Ich*, S. 9.
107 Heinz Politzer: *Vom Baum der Erkenntnis und der Sünde der Wissenschaft* (1968). In: Keller, S. 573.
108 Von deutscher Nationaldichtung. http://www.akweb.de/ak_s/ak422/02.htm (Stand: Oktober 2010). Vgl. Jasper.
109 Eibl, *Das monumentale Ich*, S. 13.

losen Auf- und Abrechnungen auch der Umgang mit der Klassik im Allgemeinen, mit *Faust* im Besonderen in der DDR beurteilt. In Symposien[110] 1998/1999, deren Beiträge man in zwei Sammelbänden vorlegte, wurde trotz der thematischen Beschränkung[111] und Einseitigkeit die eminent große Bedeutung von Goethes *Faust* für politische Entwicklungen deutlich. Faust auf einen kleinbürgerlichen Intellektuellen zu reduzieren wurde in der DDR als gefährlich angesehen. Auf diesem Hintergrund bekam die Beschäftigung mit der Debatte um die *Faust*-Inszenierung am Deutschen Theater 1968 (Regie: Wolfgang Heinz, Adolf Dresen), eine der umfangreichsten Debatten in der Kulturpolitik der DDR überhaupt, eine neue Dimension.

Faust in der DDR

Die teilweise heftig geführte Auseinandersetzung begann 1968 mit Zuschauergesprächen, führte über Streitgespräche in den Theatergremien und gipfelte in Kolloquien und Symposien, in denen unterschiedliche Interpretationsansätze und politische Umsetzungen aufeinandertrafen. Die Inszenierung bekam im Laufe der Zeit legendäre Züge.[112] Der entscheidende Streitpunkt war die Auffassung der Faust-Gestalt durch Dresen/Heinz, die sie verzweifelt und innerlich zerrissen anlegten und nicht als Vorbildgestalt, Weltenstürmer und Wissensenthusiasten. Die satirische Zeitschrift *Eulenspiegel* beschrieb die Lesart so: Regie-Team und Dramaturgie (Maik Hamburger) streuten

Faust am Ost-Berliner Deutschen Theater 1968

> „die durchaus neuartige Erkenntnis, dass Goethes *Faust* kein bedeutsames philosophisches Stück, sondern ein Mittelding zwischen Kabarett, Volksstück und Leistungsschau magischer

---

110 Ehrlich; Mai (Hrsg.),w88 ff.
111 Vgl. dazu: Friedrich Dieckmann: *Die Frage Mephisto. Klassik-Bilder in der frühen DDR*. In: Sinn und Form, 53. Jg., Berlin 2001, 4. Heft, S. 558 ff.
112 Vgl. Ehrlich; Mai (Hrsg.), S. 24 und 88 f., 128 f.

> Zirkel sei, unter die Menge (…) so groß sind eben Klassiker gar nicht, lehren uns die Regisseure. Ihr ‚Verdienst' ist es, endlich einmal das vermaledeite Vorurteil vom faustischen Menschen beiseitegeräumt zu haben. Daher gibt Fred Düren seinen Faust als unappetitlichen, greinenden Tattergreis.“ [113]

Faust als greinender Tattergreis

Die Lesart der Regisseure stand im Widerspruch zu dem am *Faust* vorgetragenen politischen Anspruch, zu Lehrmeinungen von Schule und pädagogischen Materialien. Die politische Diskussion gelangte schließlich zu gegensätzlichen Setzungen, die eigentlich zusammengehörig gesehen werden sollten, statt des „oder“ hätte also ein „und“ stehen müssen:

„Und“ statt „oder“

> „Es ging [in der Berliner Inszenierung von 1968, R. B.] um die Fragen wie individuelle Revolte oder Dienst an der Menschheit, Subjektivität oder Epochengestalt, Renaissance oder Sturm und Drang (…) Das Entscheidende und Verbindende ist die Position des Beginnens, des Aufbruchs ‚zu neuen Küsten'. Subjektivität und individuelle Revolte zielten auf den Anspruch der Epoche, auf den Dienst an der Menschheit, auf den Traum vom freien Menschen. Eine *Faust*-Interpretation, die auf die Freisetzung des Weltgehaltes der Dichtung zielt, auf der Höhe moderner Erkenntnisse steht und für moderne Menschen gemacht ist, muss gerade bei der Konzeption der Figur des Faust von dieser Einheit des Gesellschaftlichen und Individuellen ausgehen.“ [114]

---

113 Anne Braun: *Theater-Eule*. In: Eulenspiegel, Berlin 1968, Nr. 45, S. 6.
114 Hans Dieter Mäde, Ursula Püschel: *Streitfragen. Zum Charakter unserer Meinungsverschiedenheiten über „Faust“*. In: Neues Deutschland vom 10. Dezember 1968.

Fortsetzung der Debatte um 2000

Die Auseinandersetzung von 1968/69 wurde unter anderen gesellschaftlichen Verhältnissen um 2000 wieder aufgenommen und weitergeführt.

Faust aus Sicht einer darwinistischen Literaturwissenschaft

Um in einer seiner Meinung nach unübersichtlichen, auch strittigen Lage beim Verständnis des *Faust* wieder Ordnung zu schaffen, hat der **Germanist Karl Eibl** die Methode entwickelt, Dichtung, also auch Goethes Dichtung und den *Faust*, auf evolutionsbiologische Grundlagen zurückzuführen, also eine Art darwinistische Literaturwissenschaft zu schaffen.[115] Das Kunstwerk könne besondere **Lust- und ästhetische Gefühle** entwickeln, um Anspannungen zu beheben. Eibls *Faust*-Interpretation ist aufschlussreich und wichtig; sie unterzieht die bisherigen Interpretationen einer kritischen Sicht und führt seine Erkenntnisse auf die Zusammenfassung zurück, der *Faust* sei ein „poetisches Spiel von der Bestimmung des Menschen“[116]. Ebenfalls auf der Suche nach den möglichen politischen und geistesgeschichtlichen Orten des *Faust* war **Albrecht Schöne,** ein anerkannter Kommentator des Stückes. Er fand in einem für das *Faust*-Verständnis grundsätzlichen Beitrag die Bedeutung darin, dass der Leser in Goethes *Faust*

Im Vergangenen Künftiges vorgebildet

> „im Vergangenen Gegenwärtiges oder Künftiges vorgebildet sieht und Heutiges entdeckt (...) gleichsam gespiegelt in den Bildern des alten Textes und auf solche Weise von sich abgerückt, mit Tiefenschärfe versehen, zur Kenntlichkeit verfremdet, so dass das Alte ihn über sein Neues belehrt“[117].

---

115 Eibl, *Animal Poeta.*
116 Ebd., S. 30.
117 Schöne, Karl Marx, S. 35

Die Ursachen dafür sieht Schöne in der Vielseitigkeit Goethes, der auch auf scheinbar der Kunst fremden Gebieten wie der **Nationalökonomie und Kriegstheorie** kompetent gewesen sei. So sei das „Zentralproblem der Menschheitsmoderne“ unentschieden und gegensätzlich in den *Faust* geraten:

> „Dem Streit der Exegeten um eine positive oder negative Deutung der Faust-Gestalt (als der unaufhörlich strebenden großen Vorbild- und Verheißungsfigur oder aber als eines hoffnungslos ins Verbrechen verstrickten Protagonisten endlichen Untergangs) – diesem Streit entspricht das Schisma der optimistischen oder pessimistischen Prognostiker um den Ausgang dessen, was mit unseren Eingriffen in die Natur, mit den Genomentschlüsselung oder der Nanotechnologie oder einer computergestützten Robotik seinen Anfang genommen hat.“ [118]

Verschwörungstheorien und Legenden

Goethes geheimes Vermächtnis?

Auch **absonderliche Deutungen** erschienen; stellvertretend dafür sei eine erwähnt. 1995 war *Goethes geheimes Vermächtnis* erschienen, das behauptete, die Geheimnisse in Goethes *Faust* entschlüsselt zu haben [119]: Der Text sei in Wirklichkeit mit einer Musikuntermalung verbunden worden. Für die Aufführung habe Goethe das Theater in Bad Lauchstädt „streng nach mathematischen Regeln des Pythagoras“ [120] speziell um- und ausgebaut und ihm zu drei Bühnen verholfen, die allerdings nur der „Wissende“ erkenne. Manfred Dimde wollte zur Enthüllung der Geheimnisse

---

118 Ebd.
119 Dimde.
120 Ebd., S. 116.

den **Schlüssel des „Strahlenden Bechers“** aus der Renaissance benutzt haben. Goethe geriet bei Dimde in die **Nachfolge des Nostradamus**. Aus der einen Nennung im *Faust* (V. 420) wurde eine geheimnisvolle summierende Reihe, die von Goethe über Shakespeare, Paracelsus, Nostradamus und andere bis zu Leonardo da Vinci zurückgeführt wurde. Der *Faust* geriet wieder einmal in die Nähe der Freimaurer[121]. Das löste Widerspruch aus. In einem beeindruckenden und spannend erzählten Abriss über die Geheimbünde wurde gegen solche Unterstellungen und Verschwörungstheorien festgestellt, dass Goethe aus Neugier bei den Freimaurern war, „doch auch die Illuminaten prahlten nur mit einem Geheimwissen, das sie – wie Goethe bald erkennen musste – nicht besaßen“[122]. Auch das war in unserer von Geheimnissen und Verschwörungen faszinierten Zeit noch nicht genug. Eine völlig anders geartete Betrachtung ergab sich aus einer biografischen Beziehung, die schon wegen ihres sensationellen Charakters zunehmend Gewicht in der Beschäftigung mit Goethe und seinem Werk bekam: Zu den Geheimnissen des *Faust* gehöre nach Dimde, dass die Herzoginwitwe Anna Amalia bedeutenden Einfluss auf den *Faust* gehabt habe, weil sie als junge Witwe schon **Goethes geheimnisvolle Geliebte** während der Leipziger Studentenzeit 1768 geworden sei und ihn nach Weimar geholt habe: „Goethes Möglichkeiten, ideelle Anliegen wie den *Faust* zu verwirklichen, entsprangen seiner innigen Verbindung zu Anna Amalia.“[123] Diese kühne Vermutung, zu der es für die Leipziger Zeit keinerlei Indizien gibt, ist inzwischen von dem italienischen Juristen Ettore

Goethe als Freimaurer

Anna Amalias geheimer Einfluss?

---

121 Ebd., S. 97 f.
122 Klaus-Rüdiger Mai: *Geheimbünde. Mythos, Macht und Wirklichkeit*. Bergisch Gladbach: Gustav Lübbe Verlag, 2006, S. 199.
123 Dimde, S. 74.

Ghibellino[124] für Goethes Weimarer Zeit weiterentwickelt worden und hat zu einer Bewegung mit Symposien, einem **Anna Amalia & Goethe Freundeskreis e. V.** – 200 Mitglieder aus acht Nationen (gegründet im Februar 2006, Zahlenangaben von 2009) – und Veranstaltungen geführt, in deren Umkreis neue Verschwörungstheorien und Legenden geschaffen wurden.

Faust heute

Für Kinder wurde 2002 der *Faust* von Barbara Kindermann neu erzählt und mit Bildern von Klaus Ensikat illustriert.[125] Der Versuch wurde von der Kritik in den höchsten Tönen gelobt: „Barbara Kindermann hält die Sprache in der Schwebe zwischen den Zeiten; es gelingt ihr, die Aura der dramatischen Vorlage zu erhalten, indem sie beispielsweise kleine Proben von Goethes Sprachkunst als (kursiv gesetzte) Zitate einfügt."[126] 2008 erschien Christian Eckls (geb. 1963) *Faust 0. Noch eine Tragödie*[127]. Eckl, ein Verleger für Wirtschaftszeitschriften, nahm Goethes Formulierung „Da steh ich nun …" zum Anlass, **jener Vorgeschichte Fausts nachzugehen**, die zu diesem „nun" geführt hat. Der junge Heinrich Faust kommt mit seinem Vater, einem Scharlatan, auf einen Jahrmarkt, um als Heiler zu wirken. Aus Angst vor Misserfolg will er sein Gewerbe ernsthaft erlernen. Eckl hat sich in der Handlungsführung teilweise an Goethes *Faust* gehalten und eine bemerkenswerte Satire auf unsere Gegenwart geschaffen, „soll Mammon denn allein gestalten,/ wie Medienpraxis wird geübt?"[128] Der Text darf nicht an Goethe

Faust 0. Noch eine Tragödie

Eine Vorgeschichte

124 Ettore Ghibellino: *J. W. Goethe und Anna Amalia. Eine verbotene Liebe*. Weimar: A. J. Denkena Verlag, 2007 (3., veränderte Auflage).
125 *Faust. Nach Johann Wolfgang von Goethe*, mit Bildern von Klaus Ensikat, neu erzählt von Barbara Kindermann; Kindermann Verlag, Berlin, 2002.
126 Jens Thiele: *Luchs 189*. In: DIE ZEIT Nr. 46, 7. November 2002.
127 Christian Eckl: *Faust 0. Noch eine Tragödie*. Halle (S.): Mitteldeutscher Verlag, 2008.
128 Ebd., S. 7.

gemessen werden, die Verquickung von Wissenschaft und Machtgier einem berühmten Beispiel aufzulegen ist zu einem witzigen Lesetext geworden: Der junge Faust nimmt seine Studien in einem Kloster bei Leipzig auf, „geweiht der Unzucht und dem Trunke“ [129], hat den Mönch Matthias als Berater zur Seite – einen anderen Mephisto –, legt gute Prüfungen ab und soll im Kloster bleiben. Faust lehnt ab und man schlägt ihm vor, als Gelehrter im Kloster zu arbeiten, aber vor der Klostermauer mit einer alten Haushälterin zu wohnen. Sein Wunsch, ein Kind als Erben zu haben, wird erfüllt, aber dieses Kind Georg kommt im Kampf gegen die Pest um. Faust steht vor einem Trümmerberg und spricht seinen Monolog „Habe nun ach! …“, mit dem Goethes *Faust* beginnt.

Faust kalligraphisch

Skurriles findet sich immer wieder bei der Rezeption des *Faust*: Der Naumburger Erhard Eichhorn (geb. 1926) erfüllte sich 2006 in zwölfjähriger Arbeit einen Lebenstraum, der aus der Liebe zu Goethes Dichtung und ausgeprägter Friedenssehnsucht nach dem Zweiten Weltkrieg entstanden war: Er schrieb den *Faust* in kalligraphischer Präzision und in drei Varianten ab: in Sütterlin-Schrift, in lateinischer Schrift und in englischer Sprache, dreispaltig nebeneinander. [130]

Bis heute meistbesuchtes Theaterstück

Auf die **Inszenierungen**, die mit der Uraufführung am Hoftheater in Braunschweig (Regie: August Klingemann) am 19. Januar 1829 begannen, kann nur im Rahmen der Materialien eingegangen werden (S. 127 der vorliegenden Erläuterung). Bis heute ist *Faust* das meistbesuchte Theaterstück deutschsprachiger Bühnen. Pro Spielzeit wird das Stück durchschnittlich 20 Mal inszeniert, ca. 450 Mal gespielt und von etwa 120–150.000 Zuschauern besucht. In Jubiläumsjahren wie 1999 ist es entsprechend mehr.

---

129 Ebd., S. 144.
130 Johann Wolfgang von Goethe: *Faust I und II*, kalligraphisch bearbeitet von Erhard Eichhorn, Halle: Projekte-Verlag, 750 S., 2006.

Immer neue Überlegungen wurden und werden angestellt, um Werk und Publikum zu vereinigen und um ungewohnte Wirkungen zu erzielen. 2002 wurde am Kasseler Schauspiel ein *Urfaust* inszeniert (Regie: Martin Nimz), der an ein Musical erinnerte und sich modern gab: Faust und Gretchen fanden sich erst im Kino bei Cola und Popcorn; sie sahen „*Faust* von J.W. Goethe", und zu sehen war, „wie es Mephisto der geilen Witwe Schwertlein besorgt. Den beiden im Zuschauersitz wird ganz heiß dabei." [131] Im gleichen Jahr erschien Goethes *Faust* am Annaberger Theater als „*Faust – Die Rockoper*" (Regie: Ulrich Schwarz).

Als eine Entdeckung wurden 2004 die Inszenierungen des *Faust*, „das deutscheste aller Stücke" und „das beste Stück der Nation" [132], von **Michael Thalheimer** im Deutschen Theater Berlin und von **Jan Bosse** in Hamburg betrachtet. Der Versuch gelang, das Stück „aus dem Mythos heraus(zu)schälen" –„der Mythos, ein geschätztes Möbel der deutschen Kunstgeschichte" – und es sich „neu an Gefühl und Verstand heranspielen" zu lassen:

Edgar Selge als Faust und Joachim Meyerhoff als Mephisto in der Inszenierung von Jan Bosse, Hamburg (2004) © Cinetext – Creaps

> „Bosse hat den *Faust* als Schauspiel, vom Himmel durch die Welt zur Hölle, zum Theaterleben erweckt, Thalheimer den anstrengenden Weg direkt in die Hölle genommen und lässt den Zuschauer ob der Arbeit am Mythos respektvoll, doch kühl zurück." [133]

---

131 Joachim Lange: *Aneinander vorbei und mittendrin.* In: Freie Presse (Chemnitz) vom 24. Januar 2002.
132 Elisabeth von Thadden: *Faust-Spieler.* In: DIE ZEIT Nr. 45 vom 28. Oktober 2004, S. 58.
133 Ebd.

Inszenierung von Michael Thalheimer

Für Michael Thalheimers Faust gab es keine Erlösung durch Engel, sondern er war ein Getriebener, der auf seinem Weg nicht nur zwei Frauen vernichtete – Gretchen und Helena –, sondern auch das ländliche Glück von Philemon und Baucis *(Zweiter Teil)* und das Volk in den Zwang der Arbeit treibt. Am Thalia-Theater in Halle sah man 2005 den suchenden Faust als jungen Mann, der etwa 26 Jahre ist und sein Magisterstudium gerade abgeschlossen hat. Das Credo der Intendantin Annegret Hahn war: „Das faustische Problem kommt ja heute schon ab Mitte 20 auf die Leute zu." [134] Der Versuch, einem sehr jungen Publikum seine Probleme vorzuspielen, blieb jedoch in den „affektiven Zeichen jenes hohen Gestaltungswillens, dem Annegret Hahn allen Inhalt unterordnet", stecken und wurde nur zum „Thalia-Event". [135]

„Faust-Konferenz"

Im Zusammenhang mit den Inszenierungen von Michael Thalheimer fand im Februar 2006 ***Die Faust-Konferenz am Deutschen Theater*** [136] statt. Das dazu erschienene Protokoll (Blätter des Deutschen Theaters Nr. 3, 2006) ist eine der wichtigsten modernen Interpretationssammlung von Goethes *Faust*. Der entscheidende Ausgangspunkt war, dass man die Faustgestalt nicht mehr als deutsche Identifikationsgestalt betrachtete, die sich immer strebend bemühte, aber ebenso regelmäßig scheiterte, sondern als **Symbolfigur der Moderne** die von den klassischen Positionen Abschied nimmt: „(…) in diesem Mythos geht es um die Definition der Moderne selbst, und wohl aus diesem Grund ist der Mythos in der frühmodernen Epoche entstanden." [137] Das brachte eine **Betonung der ökonomischen und kapitalismuskritischen Elemente**

134 Detlef Färber: *Faust aus dem Jungbrunnen*. In: Mitteldeutsche Zeitung (Halle) vom 22. Februar 2005.
135 Andreas Hilger: *Himmelsscheibenkleister*. In: Mitteldeutsche Zeitung (Halle) vom 25. Februar 2005.
136 Vgl. Jaeger u. a. (Hrsg.).
137 Nicholas Boyle: *Der religiöse und tragische Sinn von Fausts Wette*. In: Jaeger u. a. (Hrsg.), S. 37.

des Werkes mit sich. Der Goethe-Biograf **Nicholas Boyle** interpretierte Faust als merkantilen Kapitalisten, der zu investieren versucht, um Mehrwert zu erwirtschaften: In Goethes *Faust* „wird die ökonomische Logik der Moderne, die Logik des merkantilen Kapitalismus, die verlangt, dass man das riskiert, was man hat, um noch mehr zu haben, bis auf den äußersten Punkt getrieben, wo man so gut wie aufhört, überhaupt etwas zu besitzen." [138] Fausts Tragödie bestehe in seiner Selbstzerstörung: „Dass große Eigenschaften sich selbst zerstören können, gehört zu den Hauptthemen der tragischen Gattung." [139]

Faust als Kapitalist

Mit den Inszenierungen von *Faust I* und *Faust II* durch Michael Thalheimer am Deutschen Theater und der sich anschließenden *Faust-Konferenz am Deutschen Theater* (2004–2006) hat eine neue Ära des *Faust*-Verständnisses und der *Faust*-Interpretationen in der Theatergeschichte begonnen.

Neue Ära des Faust-Verständnisses

Peter Steins Versuch aus dem Jahr 2000, den ganzen *Faust* zu spielen, wurde erneut bedacht, obwohl sich Stein von ihm distanziert hatte. Diesmal geschah es in der Provinz und fand hohen Zuspruch und große Aufmerksamkeit: Im „Theater der Bergarbeiter" in Senftenberg (es wurde im Ranking der Fachzeitschrift *Theater heute* zum „Theater des Jahres 2005" gewählt) spielte man zum Saisonauftakt 2007/08 den gesamten *Faust* von nachmittags bis weit nach Mitternacht (Inszenierung: Sewan Latchinian), auf fünf weit auseinanderliegenden Spielstätten, die mit Bussen angefahren wurden. Und während man unterwegs war, verzehrte man die vom Ensemble geschmierten Stullen, die man mitbekommen hatte. Der *Tragödie Zweiter Teil* spielte in der Glashalle der neuen Sparkasse: „Im Präsidium der marode Staatsrat am Kaiserhof, wo man

Inszenierung von Peter Stein

Faust in der Sparkasse

---

138 Ebd., S. 39.
139 Ebd., S. 40.

das Papiergeld erfindet, wo wüst der Karneval tobt und – als Puppenspiel – Paris die Helena verführt.“ [140] Das Puppenspiel bekam in diesem Vorgang seine Begründung, ging er doch auf göttliche Willkür – der Mensch als Marionette –, nicht auf menschliche Willensfreiheit zurück und verwickelte die Menschheit in einen langwierigen blutigen Krieg. Am Theater Freiberg inszenierte Manuel Schöbel 2010 die theatralische Anlage des Stückes als Spektakel und trieb dabei „die tollsten Dinge“ [141]. Der Osterspaziergang wurde zum Beispiel von einer Bürgerin gesprochen, wodurch die ihm innewohnende Zwiespältigkeit – der spießige zufriedene Bürger und die Auferstehung der Natur – aus dem rechten Munde kam. Die szenische Lösung spielte ihn auf zwei Ebenen, auf der unteren Ebene nur Beine, auf der oberen nur Oberkörper.

Faust. Der Tragödie Erster Teil wirkte nicht nur auf die Literatur und anfangs keineswegs auf das Theater, sondern auch auf andere Künste. Die Liste dieser Wirkungen würde jeden Umfang sprengen; nur einige Hinweise mögen die Breite andeuten. Lieder daraus wurden von Beethoven und Schubert vertont, aber auch das gesamte Werk wurde Gegenstand von Komponisten. Bilder, Illustrationen und Plastiken, von Johann Heinrich Ramberg, Friedrich August Moritz Retzsch, Peter Cornelius bis zu den berühmten Illustrationen Eugène Delacroix', entstanden. Goethe selbst hatte den *Prolog im Himmel*, eine beeindruckende Skizze vom Erdgeist und anderes, insgesamt sieben Entwürfe, gezeichnet. Zum 250. Geburtstag Goethes 1999 stellte der Altrocker Udo Lindenberg in Weimar 15 Gemälde zu Goethes *Faust* unter dem Titel *Der Pakt* aus. Die Beobachter bescheinigten ihm, Sinn für das Wesentliche zu haben.

---

140 Reinhard Wengierek: *Glück auf, Senftenberg!* In: DIE WELT, Donnerstag, 4. Oktober 2007, S. 28.
141 Reinhold Lindner: *Mensch, Gott und Teufel – alles in jedem*. In: Freie Presse vom 29. März 2010, S. 5.

5. MATERIALIEN

Am 19. Januar 1829 fand die deutsche Uraufführung durch Ernst August Friedrich Klingemann in Braunschweig statt, nachdem es im Herbst 1828 eine Aufführung einer französischen Bearbeitung in Paris gegeben hatte.[142]

Deutsche Uraufführung 1829

„Klingemann, der selbst einen *Faust* geschrieben hatte und diesen aufführte, wurde vom Herzog Karl von Braunschweig verpflichtet, Goethes *Faust* zu inszenieren. Mit dem Zensor wurde abgestimmt, auf alle Kirchenangriffe zu verzichten. Diese waren auch in späterer Zeit immer wieder Grund für Verbote, Kürzungen oder Bearbeitungen des Stückes. Die Uraufführung wurde ein großer Erfolg, Klingemann hatte das Stück radikal gekürzt: Es fehlten die beiden Vorspiele, einige Gretchen-Szenen und die Walpurgisnacht."

Es folgten etliche andere Aufführungen, um den Dichter zu seinem 80. Geburtstag zu ehren (Hannover, Bremen, Dresden, Frankfurt a. M., Leipzig).

Inszenierungen zu Goethes 80. Geburtstag

„In Leipzig und Dresden nahm Ludwig Tieck die Bearbeitung, die lange auf den Bühnen herrschte, auf der Grundlage der Bearbeitung von Klingemann vor. In Dresden fand am 27. August 1829 die erste Aufführung statt. Tieck betrachtete sie als Konzession an das Publikum, musste doch seiner Meinung nach das große Werk Goethes durch eine Bühneneinrichtung an Gehalt verlieren. Seine Aufführungen hatten größere Rücksichten auf die Zensur zu nehmen, da in Sachsen besonders diffizile Religionsverhältnisse herrschten. Der Hof war katholisch, die Bevölkerung protestantisch. So wurde

---

142 BA 8, S. 784 f.

Luthers Namen in ‚Auerbachs Keller' (V. 2129) ersetzt durch „der gelehrteste Chinese". In Wien, wo man sich schwer tat und Goethes Werke gemeinsam mit denen der Jungdeutschen 1847/48 verboten hatte, wurde „Und leider auch Theologie" geändert in „Zuletzt auch noch Theologie"[143]. 1849 wurde unter Leitung Karl Gutzkows eine fast vollständige und unveränderte Fassung in Dresden aufgeführt. Erst seit 1856 wurde der ‚Prolog im Himmel' gespielt.

Am 29. August des Jahres der Uraufführung hatte das Weimarer Theater seine erste Aufführung anlässlich von Goethes 80. Geburtstag, deren Vorbereitung fast ein Jahr dauerte.

Knarrender Geist oder als Marinelli der Hölle?

Immer umstritten war die Figur des Mephistopheles. Sollte er nun wie der Teufel der Volkssage gespielt werden, als ein „erdiger, knarrender Geist", oder als „der Marinelli der Hölle, den Goethe im Sinne hatte"?[144] Eduard Devrient nutzte die Gelegenheit, um seine Vorstellung von einem Mephisto vorzutragen:

„Sollte Goethes Intention, die den Teufel als edlen Junker in ebenso vernichtender als graziöser Ironie vorführt, ganz beseitigt und nur der widerlich kotige und zotige Teufel vom Blocksberge gezeigt werden, so hätte das krasse Realitätsprinzip bis aufs äußerste verfolgt werden müssen: Die Sprache hätte wirklich nervenerschütternd, das Aussehen in der Tat entsetzlich, das Pusten wirklich schwefelriechend sein müssen usw.; Seydelmann aber hatte an der Grenze der gewöhnlichsten Theatermittel Halt machen müssen und war dadurch in Widerspruch mit des Dichters wie mit seiner eigenen Intention geraten.

---

143 Vgl. BA 8, S. 785.

144 Karl Immermann über den Mephisto Karl Seydelmanns (1793–1843); zitiert nach: Devrient, Bd. 2, S. 330. – Marinelli ist der Kammerherr des Prinzen und der teuflische Drahtzieher in Lessings *Emilia Galotti*.

Schwerlich wird Goethes Mephistopheles jemals auf der Bühne überzeugendes, allgenügendes Leben gewinnen; an Seydelmanns Auffassungsweise deckte diese Rolle die Grenze schonungslos auf, er musste die Gestalt gewordene Ironie auf den Boden der greifbaren Materialität herabziehen, um sich ihrer zu bemächtigen." [145]

Legendär wurde die Mephisto-Darstellung Gustaf Gründgens' (1899–1963) 1932 im Berliner Staatstheater. Der Theaterkritiker Herbert Jhering beschrieb Gründgens' Mephisto so:

Gustaf Gründgens als Mephisto

„Gründgens spielt den Agenten Fausts, einen Manager Schmelings [146], einen Stellenvermittler der Hölle. Er agitiert und treibt an, ein Demagoge, ein Unterhändler. Er engagiert Faust für eine Weltreise und versucht seinen Champion in Form zu bringen. Er macht ihm gute Laune durch Zauberkunststücke. (...) Er blitzt und funkelt. Er spielt ein naives Zaubermärchen mit lächelndem Snobismus. Er spielt hundert Variationen über das Thema Mephisto, aber niemals das Thema selbst. Er spielt Bemerkungen zum Mephisto, witzige Fußnoten gegen die Goethe-Philologen, aber niemals den neuen, modernen Mephisto selbst." [147]

Gründgens' Mephisto [148] wurde so berühmt, dass auf die im Nationalsozialismus zwielichtig handelnde Gestalt des Schauspielers der Name seiner Figur übertragen wurde. Gründgens galt und gilt heute noch als *der* Mephisto (vgl. auch Titelabbildung).

Gustaf Gründgens im Dritten Reich

---

145 Ebd.

146 Gemeint ist der deutsche Boxer Max Schmeling (1905–2001), Schwergewichtsweltmeister von 1930–1932.

147 Herbert Jhering: *Theater in Aktion. Kritiken aus drei Jahrzehnten 1913–1933.* Berlin: Henschelverlag, 1986, S. 586.

148 Nach dem Zweiten Weltkrieg wurde Gründgens von 1955 bis 1963 Generalintendant des Deutschen Schauspielhauses Hamburg und spielte in den Inszenierungen *Faust I* (1957) und *Faust II* (1958) wiederum den Mephisto, ebenso 1949 am Düsseldorfer Schauspielhaus *(Faust I)*.

Thomas Manns Sohn Klaus Mann (1906–1949), dessen Schwester Erika mit Gründgens verheiratet war, schrieb im Exil einen Roman, den er *Mephisto* (1936)[149] nannte. Beschrieben wurde der Typ jenes deutschen Intellektuellen, der als überzeugter Anhänger des Nationalsozialismus auftrat, nachdem er zuvor anderes verkündet hatte, der Typ, der politische Gesinnung wie geistige Lauterkeit um der Eitelkeit und des Ruhmes willen aufgab.

„*Mephisto* ist der Roman einer Karriere im Dritten Reich. (…) Der ruchlos brillante, zynisch rücksichtslose Karrieremacher, der im Mittelpunkt meiner Satire steht, mag gewisse Züge von einem gewissen Schauspieler haben, den es wirklich gegeben hat und, wie man mir versichert, wirklich noch immer gibt. Ist der Staatsrat und Intendant Hendrik Höfgen, dessen Roman ich schrieb, ein Porträt des Staatsrates und Intendanten Gustaf Gründgens, mit dem ich als junger Mensch bekannt war? Doch nicht ganz."[150]

Faust als Puppenspiel

Häufig werden in Inszenierungen die theatralischen Ursprünge des *Faust* einbezogen: Er wird als Puppenspiel oder als Mischung von Puppenspiel und Menschenspiel inszeniert. Das freie eisenacher burgtheater hat 1997 ein sehenswertes Beispiel geliefert (Regie: Anselm Lipgens). Unter der Überschrift *Der Goethe lässt die Puppen tanzen* beschrieb eine Kritik die Aufführung:

---

149 Nach dem Buch entstand Istvan Szabos weltberühmter Film *Mephisto*, der wiederum weitere Beschäftigungen mit dem Stoff nach sich zog. 1986/87 wurde *Mephisto* für die Bühnen (Autorinnen: Marielle Momm und Maria Caleita) in der Münchner Schauspielbühne inszeniert, sein Thema vom verantwortungslosen deutschen Intellektuellen bis in die Gegenwart der Bundesrepublik fortgeschrieben.

150 Klaus Mann: *Der Wendepunkt. Ein Lebensbericht.* Berlin und Weimar: Aufbau-Verlag, 1974, S. 438 f.

„Goethe lässt die Puppen tanzen, Faust (Lutz Schwarz) ist erstmal nur'ne Marionette. Und Faust ist auch Goethe. Und Wagner ist auch Luise. Die beiden besorgen das Kunstgeplänkel, währenddessen Faust leblos am Boden hockt. So allmählich aber erstehen die Figuren, bald wird ihnen das Feld überlassen, Dichter und Gefährtin tauchen nicht mehr auf. Selbst am tragischen Ende nicht. – Vorher aber hat Regisseur Anselm Lipgens in Komödie gemacht, deftig, spritzig, lustig geht es zu. Das ist durchaus legitim bei diesem knallharten Fragmenten-Text, es ist wohl auch wünschenswert. So kann man falschem Pathos am besten entfliehen (...)" [151]

Inszenierung von Wolfgang Engel 1990

Dem stehen jene Versuche gegenüber, den *Faust* möglichst ganz zu spielen oder mit einer neuen Lesart den gesamten Text für die Bühne zu erfassen. 1990 geschah das zur Wiedereröffnung des Schauspielhauses in Dresden. Wolfgang Engel inszenierte einen *Faust*, den das Publikum als „total verfremdeten" *Faust* erlebte und annahm. Engel verzichtete auf den Prolog im Himmel, obwohl das die Exposition des Stückes ist. Dafür wurde ein doppelter Faust auf die Bühne gestellt, der reizvolle Lösungen ermöglichte:

„Etwa im Disput mit Wolfgang Gorks' gar nicht schrulligem Wagner oder beim Osterspaziergang, wenn der eine Faust sich im Freien ergeht, der andere die Huldigung der durch das Fenster bis ins Zimmer eingedrungenen tierisch-skurrilen Bürger über sich ergehen lässt. Doch damit nicht genug. Die beiden Darsteller übernehmen auch noch den Text des Hexenbarons Mephistopheles." [152]

---

151 Michael Helbing: *Der Goethe lässt die Puppen tanzen*. In: Thüringer Allgemeine (Eisenacher Allgemeine) vom 11. Oktober 1997.

152 Gerhard Ebert: *An wen ist der Besitz geraten? Wohin man kommt, da hält ein Neuer haus ...* In: Neues Deutschland, Berlin, 3. September 1990.

Peter Steins Inszenierung auf der Expo 2000

Ein Höhepunkt der Versuche, den gesamten *Faust* zu spielen, wurde die Inszenierung auf der Expo 2000. Die Kritik allerdings ging mit dem Versuch nicht freundlich um, Peter Stein selbst sah die Inszenierung fünf Jahre später – 2005 – sehr selbstkritisch und bezeichnete sein 15 Millionen teures Großprojekt als „Schrott". Die Inszenierung liegt inzwischen in 4 DVDs (814 Min. Laufzeit, Dolby Digital) für das Heimkino vor. Der Faustdarsteller Bruno Ganz beschrieb die Absicht des Regisseurs Peter Stein so:

„Für ihn ist *Faust* das größte Kunstwerk deutscher Sprache, und deshalb würde er niemals bezweifeln, dass es genügend Leute gibt, die dieser Unternehmung von Anfang bis Ende folgen wollen. Und er hat Recht." [153]

Ökonomisch-sozialkritische Lesarten

Parallel zur Globalisierung verstärkte sich eine ökonomisch-sozialkritische Lesart von Goethes *Faust*. Albrecht Schöne beschrieb den Ansatzpunkt bei Karl Marx (s. S. 86 der vorliegenden Erläuterung), der englische Goethe-Forscher Nicholas Boyle bezeichnete Faust als einen Kapitalisten, der auf Menschen keine Rücksicht nimmt, und sah in der Logik der Wette „die Logik des Kapitals: die Arbeit anderer vergessen, um zu haben; haben, um zu riskieren; riskieren, um wieder zu haben und wieder zu vergessen" [154]. Michael Thalheimer inszenierte diese Lesart des *Faust*. Ihren Ursprung hat diese Lesart bei Karl Marx:

---

153 Spiegel-Gespräch *Diese Rolle gehört mir*. In: Der Spiegel Nr. 50, 2000, S. 234.
154 Nicholas Boyle: *Der religiöse und tragische Sinn von Fausts Wette*. In: Jaeger, Michael u. a. (Hrsg.), S. 40 o.

„Das Geld ist der Kuppler zwischen dem Bedürfnis und dem Gegenstand, zwischen dem Leben und dem Lebensmittel des Menschen. Was mir aber mein Leben vermittelt, das vermittelt mir auch das Dasein der andren Menschen für mich. Das ist für mich der andre Mensch.

‚Was Henker! freilich Händ' und Füße/Und Kopf und Hintern, die sind dein;/Doch alles, was ich frisch genieße,/Ist das drum weniger mein?/Wenn ich sechs Hengste zahlen kann,/Sind ihre Kräfte nicht die meine?/Ich renne zu und bin ein rechter Mann,/Als hätt ich vierundzwanzig Beine.' (Goethe, *Faust* [Mephisto])[155] ... [Hier schließt sich ein größeres Zitat aus Shakespeares *Timon von Athen* an, R. B.] Shakespeare schildert das Wesen des Geldes trefflich. Um ihn zu verstehen, beginnen wir zunächst mit der Auslegung der goethischen Stelle.

Was durch das Geld für mich ist, was ich zahlen, d. h., was das Geld kaufen kann, das bin ich, der Besitzer des Geldes selbst. So groß die Kraft des Geldes, so groß ist meine Kraft. Die Eigenschaften des Geldes sind meine – seines Besitzers – Eigenschaften und Wesenskräfte. Das, was ich bin und vermag, ist also keineswegs durch meine Individualität bestimmt. Ich bin hässlich, aber ich kann mir die schönste Frau kaufen. Also bin ich nicht hässlich, denn die Wirkung der Hässlichkeit, ihre abschreckende Kraft, ist durch das Geld vernichtet. Ich – meiner Individualität nach – bin lahm, aber das Geld verschafft mir 24 Füße; ich bin also nicht lahm."[156]

---

155 Goethe: *Faust Erster Teil*, V. 1820–27.
156 Karl Marx: *Ökonomisch-philosophische Manuskripte*. Leipzig: Reclam, 1970 (Universal-Bibliothek, Bd. 448), S. 221 ff.

Bedeutung für europäische Kulturgeschichte

Die Bedeutung des *Faust* für die europäische Kulturgeschichte wurde 1927 von dem österreichischen Theaterkritiker Egon Friedell (1878–1938) mit einer heute noch gültigen Genauigkeit bestimmt:

„Alle Tendenzen der anbrechenden Neuzeit sind von der Volksphantasie sehr wirksam in eins zusammengefasst worden in der Figur des Faust. Faust ist Goldmacher und Schwarzkünstler; durch Wissenschaft und Magie sucht er Reichtum und weltliche Macht zu erlangen. Faust ist Protestant und Theolog; Landsmann Melanchthons, Zeitgenosse Luthers und eine Zeitlang in Wittenberg ansässig. Faust ist Humanist und Liebhaber der Antike: Er erbietet sich, die verlorengegangenen Komödien des Plautus und Terenz wieder herbeizuschaffen, zitiert die Schatten der homerischen Helden aus dem Hades, verbindet sich, durch geheimnisvolle Kräfte verjüngt, mit Helena und erfüllt symbolisch den Sinn der Renaissance: die Regeneration des gotischen Geistes durch seine Vermählung mit dem hellenischen.“ [157]

---

157 Egon Friedell: *Kulturgeschichte der Neuzeit*. München: C. H. Beck'sche Verlagsbuchhandlung, einbändig o. J. (ursprünglich 1927–1931), S. 261.

6. PRÜFUNGSAUFGABEN MIT MUSTERLÖSUNGEN

Unter http://www.bange-verlag.de/bange-verlag-shop/faust-i-2 finden Sie im Internet zwei weitere Aufgaben mit Musterlösungen.

Die Zahl der Sternchen bezeichnet das Anforderungsniveau der jeweiligen Aufgabe.

Aufgabe 1 *

Beschreiben Sie die Bedeutung von Goethes *Faust* für die deutsche Literatur. Erklären Sie, wodurch diese Bedeutung entstanden ist und worin sie heute besteht.

Mögliche Lösung in knapper Fassung:

BESCHREIBUNG

Goethes *Faust* ist das bedeutendste Werk der deutschen Literatur. Von 1775 stammt Goethes *Urfaust (Faust in ursprünglicher Gestalt)*, 1790 erschien *Faust. Ein Fragment* und 1808 *Faust. Der Tragödie Erster Teil.* 1832 beendete Goethe seinen *Faust. Der Tragödie zweiter Teil*. Zwei Generationen lang hat sich Goethe mit dem Stoff beschäftigt. Indem in die Gestaltung auch die Zeitgeschichte von der Vorbereitung der **Französischen Revolution** von 1789 bis **zur Julirevolution von 1830** einging, parallel dazu die politische, ökonomische und soziale Struktur Deutschlands und die kulturelle Entwicklung, wurde das Werk nicht nur zum bedeutenden Kunstwerk, sondern auch zu einem überragenden Zeitdokument. Seit zwei Jahrhunderten ist die Wirkung von Goethes *Faust* im gesellschaftlichen Leben und auf den Theatern unverändert groß. Nach wie vor ist die Kenntnis des Werkes Ausweis für intellektuelles Interesse und geistige Vielseitigkeit. Goethe hat mit sei-

Kunstwerk und Zeitdokument

nem größten literarischen Projekt Lesern und Zuschauern einen Text hinterlassen, der immer wieder zur Deutung und Interpretation, zur Anwendung als individuelles Lebensmodell und als **Utopie** einer gesellschaftlichen Entwicklung anregte, fast zwang. Es gibt wohl keine weltanschauliche Position, die in dem Stück nicht gefunden werden kann. Insofern hat *Faust* auch zur Legitimation unterschiedlicher Gesellschaftsmodelle gedient, wobei die gegensätzlichsten von den beiden Deutungsextremen „Faust als Inkarnation des Schöpferischen" und „Faust als Unterlegener, Gescheiterter und Vernichtung Bringender" ausgehen. – Die Tragödie wurde ebenso als Warnliteratur wie als programmatischer Weltentwurf verstanden. Immer neue Interpretationen, Vermutungen und Unterstellungen, bis hin zu einer im Text verschlüsselten Geheimbotschaft, sind ein Indiz dafür, wie dieses Werk bis heute das Denken der Menschen beschäftigt und in andere Wirklichkeitsbereiche, in die Musik, die Mathematik usw. hineinwirkt.

Gegensätzliche Deutbarkeit

ERKLÄRUNG

Das Werk war immer ein Angebot, über den Anspruch des wissenden und strebenden Menschen nachzudenken, ihn nach seiner Gottähnlichkeit zu befragen, ihn als Partner von Teufel und Hexen zu verstehen oder ihm den Weg aus der irdischen Misere zu zeigen, ob zu „des Dorfs Getümmel", in „des Volkes wahre(n) Himmel" (V. 937 f.) oder dorthin, wo „die Menge zu dem Bösen" (V. 4039) strömt. Faust bediente immer zwei Seiten, den unaufhörlich strebenden und den ebenso rücksichtslosen Menschen, den siegenden und den verlierenden Menschen. Die Deutung Fausts als Repräsentanten kapitalistischer Mehrwertschöpfung hat in der Zeit der Globalisierung Auftrieb erhalten.

Unerschöpflicher Zitatenspender und Stichwortgeber

Seit 1790 ist das Werk im lebendigen Gespräch. Es vergeht kein Tag, an dem es nicht in Medien erwähnt, zitiert, besprochen oder als Stichwortgeber verwendet wird, oft ist dabei den Journalisten die Herkunft ihrer Sentenz nicht bekannt. Oder wer ist sich bewusst, dass des „Pudels Kern" (V. 1323), verwendet für eine überraschende Tatsache oder Lösung, aus Goethes *Faust* stammt? Inszenierungen, Parodien und Variationen auch einzelner Teile sind an der Tagesordnung.

Faust ist ein europäischer und ein weltliterarischer Stoff. Aber besonders die Deutschen haben sich mit ihm beschäftigt und identifiziert. Schon 1792 wurde in dem *Journal von und für Deutschland* von der deutschen Nationallegende gesprochen.[158] Lebendig erweist sich der *Faust* dadurch, dass Generation auf Generation Fragen an das Werk stellten und um immer neues Verständnis des Textes rangen. Es erweist sich als unerschöpflich. – *Faust* bietet Zitate, die bis heute im Alltag verwendet werden. Details der Handlung wie die sprichwörtlich gewordene „Gretchenfrage" wirken nach: „Nun sag, wie hast du's mit der Religion?" (V. 3415) ist eine prinzipielle Frage, die auf alle Themen angewendet werden kann. ‚Gretchenfragen' sucht man sich mit Allgemeinplätzen zu entziehen, weil die Antworten entlarvend sein können. Fragt man nach der Bedeutung des *Faust* heute, so ist immer auf die Dialektik von Verweilen und Bewegen zurückzukommen, die sich in der Wette alternativ gegenüberstehen. Zu entscheiden ist, ob es den erfüllten Augenblick geben kann, dem man Dauer wünscht, oder ob in ihm nicht bereits die nächste Entwicklung sich ankündigt. Dafür bieten sich in allen Bereichen der Wirklichkeit Beispiele an.

Beispiel „Gretchenfragen"

158 Vgl. Hans Henning: *Nachwort*. In: Historia von D. Johann Fausten. Leipzig: Reclam, 1964, S. 150.

Aufgabe 2 **

Beschreiben Sie den Inhalt von Fausts Monolog beim Osterspaziergang. Erklären Sie den Inhalt seines utopischen Entwurfs und die Grenzen seiner Welteinsicht.

Mögliche Lösung in knapper Fassung:

BESCHREIBUNG

Die ersten beiden Monologe

Faust hält nacheinander drei große Monologe. Im ersten, dem Eröffnungsmonolog beklagt er sein geringes Wissen, das ihn trotz seiner vielfältigen und umfangreichen Studien nicht in die Lage versetzt zu erkennen, „was die Welt/Im Innersten zusammenhält" (V. 382 f.); deshalb sucht er Unterstützung bei Magie und Geistern. Im zweiten Monolog sieht sich Faust in seiner Gottähnlichkeit („Ebenbild der Gottheit", V. 614) behindert durch seinen menschlichen Körper und versucht, sich von dieser irdischen Körperlichkeit zu befreien, um den reinen Geist („Zu neuen Sphären reiner Tätigkeit", V. 705) agieren zu lassen. Im Begriff, Selbstmord zu verüben („Zu neuen Ufern lockt ein neuer Tag.", V. 701), nicht aus Verzweiflung, sondern aus Erkenntnisdrang, wird er durch die Osterglocken und damit das Beispiel der Auferstehung Jesus Christus zurückgehalten und bei der Erfüllung seiner Wünsche auf die Einheit von Körper und Geist sowie auf den irdischen Raum verwiesen. Diesen irdischen Raum in seiner soziologischen Differenzierung erreicht Faust bei seinem Osterspaziergang, der Anlass zum dritten großen Monolog wird. Er ist zu einem der berühmtesten Texte des gesamten Werkes geworden.

Monolog beim Osterspaziergang

Vor der Stadt präsentieren sich Handwerksburschen, die auf der Suche nach Mädchen und erotischen Abenteuern sind, Schüler und Bürgermädchen suchen nach ähnlichen Abwechslungen. Auch die Soldaten sind auf Eroberungszug, nicht kriegerischer, sondern erotischer Art. Sind die jungen Leute von Lust und Lustbarkeit angezogen, suchen die Bürger ihre Ruhe, unbeschadet von allen politischen Konflikten. Goethe zeichnet Bürger, die zu Spießbürgern tendieren. Das soziale Gleichgewicht wird durch einen Bettler hergestellt, der von den Almosen der Bürger und ihrer Frauen lebt. Fr bestärkt sie in ihrer Spießigkeit, indem er mit den finanziellen Almosen die bürgerlichen Pflichten erfüllt sieht („Nur der ist froh, der geben mag." V. 857). Unter dieser Voraussetzung wird Fausts Monolog, der eine Utopie von Menschenrechten und Freiheit beschreibt, zur unbeabsichtigten Karikatur. Damit korrespondiert dieser Monolog Fausts mit seinem letzten Monolog in *Der Tragödie Zweiter Teil,* in dem er die Utopie eines freien Volkes bei der Entwässerung von Sümpfen entwirft, das Spatenklirren stammt aber tatsächlich vom Grab, das für ihn geschaufelt wird (V. 11559 ff.).

ERKLÄRUNG

Faust entwirft das Bild einer um Ostern auferstehenden Natur und einer ebenfalls erweckten Menschheit, die sich in der Natur ergeht. Die Natur wird zum Bild eines allgemeinen Aufbruchs aus ökonomischer (Handwerks- und Gewerbes-Banden) und geistiger Beschränkung (aus der Kirchen ehrwürdiger Nacht). Es ist ein besonders scharfsinniges Beispiel für eine angewandte Dialektik. Dabei entsteht die Utopie eines freien und gestaltungsfähigen Volkes, das im Sinne der allgemeinen Menschenrechte nach der Vervollkommnung des Menschen strebt (Hier bin ich Mensch). Aber diese Utopie ist doppelt brüchig: Einmal war vor dem Monolog ein Bürgertum erkennbar geworden, dass kein Interesse für Weltverständnis hatte, sich mit der Situation beschied und keinerlei Neigung zu weltpolitischen Auseinandersetzungen hatte. Goethe nahm in dieser Beschreibung des politisch desinteressierten Volkes mit seinem Hang, am Alten festzuhalten („zu Hause bleib's beim Alten", V. 871), eine scharfe Kritik an bürgerlichen Haltungen vor. Zum anderen beschwört Faust Freiheit und Auferstehung,

Brüchige soziale Utopie

kommt aber am Ende seines Osterspaziergangs mit dem Teufel im Gefolge (Pudel) nach Hause zurück.

Faust bedenkt in diesem dritten Monolog nicht mehr den Tod. Ostern erscheint in seinem doppelten heidnisch-christlichen Sinne als die Wiedergeburt des Lebens, dem Faust ein soziales und philosophisches Programm gibt, das sowohl aufklärerische als auch revolutionäre Züge hat. Das sich in der erwachenden Natur ergehende Volk stimmt mit der Natur, der unbegrenzten Freiheit, überein, die sein „wahrer Himmel" ist (V. 938) und den Einzelnen zum Menschen macht. Ob Faust das auf sich bezieht, bleibt offen: Der berühmte Vers „Hier bin ich Mensch, hier darf ich's sein!" (V. 940) ist, der Doppelpunkt zuvor signalisiert es, das zufriedene Jauchzen von „Groß und Klein:" (V. 939), nicht die Selbstbestimmung Fausts.

Fausts Irrtümer

Beim Osterspaziergang irrt sich Faust wie später mehrfach in seinen Überlegungen und Wünschen: Was er zu sehen meint, ist pure Äußerlichkeit und entspricht seinem Zustand des Wiedereintritts ins Leben. Der historische Hintergrund – es ist die Zeit des Bauernkriegs, der Reformation und der Türkenkriege (1526 besiegen die Türken ein ungarisch-böhmisches Heer, 1529 wird Wien belagert) – ist anders und lässt das Volk leiden. Wem es gut geht, der interessiert sich nicht für die Leiden wie die genannten Bürger. Faust durchschaut deren Beschränktheit, Gleichgültigkeit und Gefühllosigkeit nicht und erblickt nur die „lustigen Nachen" (V. 932) auf dem Fluss. Wagner dagegen sieht das Volk kritisch, die bei seinen Lustbarkeiten entstehenden Geräusche (Fiedeln, Schreien, Kegelschieben) sind ihm „ein gar verhasster Klang" (V. 946).

Faust sieht in der ländlichen Stimmung „des Volkes wahren Himmel" und verkennt, dass dieses Volk politisch und sozial kaum interessiert ist, dass es sich den Lustbarkeiten hingibt und das damit das Menschsein auf eine Stufe reduziert wird, die aus vorbürgerlicher Zeit stammt. Mit seiner Vorstellung vom „Ebenbild der

Gottheit" hat das kaum noch etwas zu tun. Wagner, der nur Sachverhalte gelten lässt, relativiert Fausts pathetische Hochstimmung, indem er das Volk „wie vom bösen Geist getrieben" (V. 947), also jetzt schon in den Fängen des Teufels sieht. Als Mephisto in „Auerbachs Keller" die Studenten mit Wein versorgt – im *Urfaust* tut Faust das –, kommt er im Anblick der völlig enthemmten Studenten auf Fausts Monolog und seinen Anspruch zurück und weist ironisch darauf hin: „Das Volk ist frei, seht an, wie wohl's ihm geht!" (V. 2295) Dieses Volk ist zur Freiheit unfähig; sie ist ihm nur billige Bedürfnisbefriedigung.

Aufgabe 3 **

Beschreiben Sie Fausts Anliegen und Konflikte, die ihn der Magie und schließlich dem Teufel in die Arme treiben.

Mögliche Lösung in knapper Fassung:

BESCHREIBUNG

Faust hat mehrere Studien hinter sich, hat sich als Akademiker und Wissenschaftler bewährt und sucht nach dem, was alle einzelnen Wissenselemente zusammenfasst; an eine Weltformel ließe sich denken. Seine bisherigen Bemühungen waren ergebnislos, und so verzweifelt er. Deshalb nimmt er den Kontakt mit der Magie auf (dem Erdgeist) und schließlich mit Mephistopheles, der ihn allerdings nur in die sinnliche Erlebniswelt einführen kann: Alkohol bei den Studenten, sexuelle Befriedigung bei den Hexen, Lust und Liebe bei Margarete. Das alles ist aber nicht das, wonach Faust strebt. Er hat es sich selbst im Eröffnungsmonolog gestanden: Nach all seinen Studien sehe er, „dass wir nichts wissen können". Er hat es Wagner am Rande des Osterspaziergangs mitgeteilt. Es sind die Verse: „Zwei Seelen wohnen, ach! in meiner Brust,/Die

Verzweifelte Suche nach letztem Wissen

Fausts zwei Seelen

eine will sich von der andern trennen" (V. 1112 f.) Beide Aussagen sind Hinweis auf die Spannung, in der Faust lebt. Die beiden Seelen stehen für die sinnliche, irdische und triebhafte Welterfahrung und die geistige, überirdische und höhere Welterfahrung. In beiden Bereichen stehen die Erfolge aus. In der Verbindung beider entsteht Menschsein. Goethe konnte sich bei diesem dialektischen Verständnis des Menschen auf die dualistische Lehre von der Seele der alten Griechen (Xenophon) berufen und wurde von Wieland, zum Beispiel durch dessen Roman *Die Geschichte des Agathon* (1766/67), angeregt. Durch B. Bekkers *Bezauberte Welt* (dt. 1693) erfuhr Goethe 1800/01 von der Lehre der Manichäer, dass jeder Mensch zwei Seelen habe, die sich einander bekämpften. Schon Mephisto hatte gegenüber dem Herrn im *Prolog* Faust dual beschrieben: „Vom Himmel fordert er die schönsten Sterne/Und von der Erde jede höchste Lust" (V. 304 f.). Die Spannung zwischen den beiden Seelen ist nicht aufhebbar, würde das doch den Tod bedeuten; sie muss als Einheit und Voraussetzung von Bewegung und Entwicklung verstanden werden. Hinzu kommt der durch Himmel und Hölle, Herr und Mephisto konstatierte Gegensatz von Seele (himmlisch) und Körper (irdisch), Gut und Böse.

Seele und Körper, Gut und Böse

Für die Romantiker waren Gute und Böse eine Antinomie, nicht so für Goethe. Sein in Platos Folge entworfenes Wertesystem, in das Faust durch die Wette zwischen dem Herrn und Mephisto eingespannt wurde, ging vom Guten als dem beherrschenden Zustand und Ziel aus, dem das Böse als Mahnung an das noch nicht vorhandene Gute, nicht als Wert an sich entsprach. Insofern war Mephistopheles der „Schalk" (V. 339), der ein durchaus angenehmer und notwendiger Partner für den Herrn und in dessen Stellvertretung auch für seinen „Knecht" Faust war.

Aufgabe 4 ***

Goethes *Faust* begleitete die literarischen Epochen von Aufklärung, Sturm und Drang, Klassik und Romantik. Stellen Sie die Beziehungen zu diesen Epochen an ausgewählten Beispielen dar.

Mögliche Lösung in knapper Fassung:

HINFÜHRUNG

Das Faust-Buch von 1587 war aus protestantischer Sicht ein Warnbuch vor dem Bösen und vor naturwissenschaftlichen Erkenntnissen. Dahinter stand Luthers Sündenlehre, dass sich der Mensch nicht gegen Gott erheben und auch nicht nach Unabhängigkeit von ihm streben solle. Diese Barriere wurde durch die pantheistischen Auffassungen der Aufklärung niedergerissen. Das leistete u.a. Lessings Faust-Variation. Die Aufklärung hatte dennoch ein zwiespältiges Verhältnis zu dem Stoff. Lessing fügte in seinen 17. Literaturbrief Fragmente seines *Faust* ein, der erstmals ein am Leben bleibender Faust war. Aufschlussreicher Zeuge für das Verhältnis der Aufklärung zum Faust-Stoff war Johann Christoph Gottsched, der dringend von Faust abriet, um die Jugend vom Aberglauben fern zu halten. Gottsched stand mit der Ablehnung der Faust-Sage wissenschaftlich in der Tradition des Philosophen Christian Thomasius (*De crimine magiae*, 1701: Die Schrift war gegen die Hexenprozesse und gegen Folter gerichtet). Die Aufklärung bekämpfte entschieden, was sie für Aberglauben, Zauberei und Übernatürliches hielt. Gottsched wandte sich gegen Faust, weil er im 17. Jahrhundert im Volk der bekannteste Schwarzkünstler war. Seine Schlussfolgerung war, dass man alle Bücher über Faust verbieten müsse und auch Komödien, die sich ihm widmeten, von der Bühne verbannen sollte. Fast gleichzeitig beschäftigte sich Lessing intensiv mit dem Faust-Stoff, abgeschlossen hat er

Faust-Tradition vor Goethe

Johann Christophs Gottscheds Warnung

ihn nicht. Lessings Faust strebte nach Wissen, eine Verführung durch Sünde konnte nicht gelingen. Von den Bruchstücken des Stückes hat Lessing eines in seinem 17. der *Briefe, die neueste Literatur betreffend*, gedruckt; ein anderes fand sich im Nachlass. Bei dem veröffentlichten Bruchstück, das er einem Freunde zuschrieb, um das Eigenlob zu verschleiern, griff der Dramatiker zum höchsten vorhandenen Maßstab und schrieb, das Stück habe „nur ein Shakespearesches Genie zu denken“ [159] vermocht.

Lessings 17. Literaturbrief

Der 17. Literaturbrief vom 16. Februar 1759 ist Lessings berühmter Angriff auf Gottsched, der in dem Vorwurf gipfelte, Gottsched habe die deutsche Bühne zwar zu erneuern versucht, aber ihr die falsche Orientierung gegeben. Vielmehr herrsche in Deutschland der Geschmack der Engländer, das bedeutete für Lessing sowohl den Hinweis auf Shakespeare als Vorbild als auch die Vorstellung eines *Doktor Faust*: „Und wie verliebt war Deutschland, und ist es zum Teil noch, in seinen Doktor Faust!“ [160]

Lessing führt in das Stück des fiktiven Freundes ein: „Faust verlangt den schnellen Geist der Hölle zu seiner Bedienung. Er macht seine Beschwörungen; es erscheinen derselben sieben; und nun fängt sich die dritte Szene des zweiten Aufzugs an.“ [161] Insgesamt liegen das Exposé zu einem Vorspiel und drei Szenenentwürfe, sowie zwei ausgearbeitete Szenen vor.

BESCHREIBUNG

Der *Urfaust*

Am 7. November 1775 fuhr Goethe in Weimar ein; ein musenfreundlicher Hof dank der Herzogin Anna Amalia empfing ihn. Im Gepäck hatte er den *Urfaust*, aus dem er auch bereitwillig vorlas. Nur dadurch ist er in die Nachwelt gekommen, denn das Hoffräulein Luise von Göchhausen, die den Dichter begeistert verehrte,

159 Lessing: *Werke* in fünf Bänden, hrsg. von Karl Balser und Heinz Stolpe. Berlin und Weimar: Aufbau-Verlag, 3. Aufl. 1964, 3. Bd., S. 83.
160 Ebd.
161 Ebd., S. 84.

schrieb den Text wie viele andere des Dichters ab, den man 1887 im Nachlass der Göchhausen fand. Während der *Faust* noch die Ästhetik des Sturm und Drang und seine Themen nach Weimar vermittelte, wurden die Ansichten des Sturm und Drang nicht in die alltägliche Politik übernommen, der Goethe bald nach seiner Ankunft uneingeschränkt verpflichtet war. Zwischen dem Dichter, der aus dem Sturm und Drang kam, und dem Minister, der seinem Herzog dienen musste, lagen Welten. Die Arbeit am *Faust* kam zum Erliegen. Als Goethe im neuen Umfeld die Arbeit wieder aufnahm, wurde aus dem Werk des Sturm und Drang ein deutlich von klassischen Formkriterien bestimmter Text. Das wurde insbesondere in der Umarbeitung der Prosabestandteile in Verse deutlich. 1800 schrieb Goethe an den Helena-Szenen, die später in den *Zweiten Teil* kamen. Diese Verlegung macht die Wendung vom natürlichen Schönheitsideal des Sturm und Drang zum klassischen antik-griechischen Charakter noch deutlicher.

Sturm und Drang

Wendung zur Klassik

Sicher unbeabsichtigt von Goethe, aber durchaus im Sinne der Romantik war, dass lange Zeit das Stück als Fragment galt – eine Form, die von der Romantik besonders geschätzt wurde – und 1790 auch als „Fragment" veröffentlicht wurde. Romantisch wurde auch die letzte Szene des Ersten Teils betrachtet, in der Rettung und Tod Gretchens dicht nebeneinander lagen. Unabhängig von der geistigen Nähe des Stücks zu den verschiedenen Literaturepochen, entsprach es auch formal unterschiedlichen Prinzipien, die für die verschiedenen Epochen kennzeichnend sind. Die zahlreichen Lieder verwiesen auf die Sammelleidenschaft des Sturm und Drang und der Romantik, die Teufels- und Zauberatmosphäre bediente die romantischen Schauervorstellungen, die Literatursatire richtete sich gegen aufklärerische Erbauungsliteratur, und Figurenkonstellationen wie die von Gretchen und Faust erinnern an Lessings *Emilia Galotti*.

Elemente der Romantik

LITERATUR

Zitierte Ausgabe:

Goethe, Johann Wolfgang: *Faust. Erster Teil.* Husum/Nordsee: Hamburger Lesehefte, 2010. (29. Hamburger Leseheft)

Werkausgaben und Primärliteratur:

Bode, Wilhelm (Hrsg.): *Goethe in vertraulichen Briefen seiner Zeitgenossen.* Bd. 1–3. Berlin und Weimar: Aufbau-Verlag, 1979; München, 1982.

Braune, Werner (Hrsg.): *Das Volksbuch vom Doctor Faust.* Halle: Niemeyer, 1878 (Neudrucke deutscher Literaturwerke des 16. und 17. Jahrhunderts. Nr. 7/8).

Eckermann, Johann Peter: *Gespräche mit Goethe in den letzten Jahren seines Lebens 1823–1832.* Berlin: Aufbau-Verlag, 1962.

Eibl, Karl; Fotis Jannidis; Marianne Willems (Hrsg.): *Der junge Goethe in seiner Zeit. Texte und Kontexte. Sämtliche Werke, Briefe, Tagebücher und Schriften bis 1775.* In zwei Bänden und einer CD-ROM. Frankfurt a. Main und Leipzig: Insel Verlag, 1998 → Auf der CD-ROM werden alle Schriften des jungen Goethe in historische Kontexte wie Rezensionen, Briefe und Zeugnisse von Zeitzeugen eingebettet.

Goethe, Johann Wolfgang von: *Werke.* (Hamburger Ausgabe). 14 Bde. München: C. H. Beck und dtv, 1999 → Gut kommentierte und verlässliche Studienausgabe für weiterführende Arbeit.

Goethe, Johann Wolfgang von: *Werke.* (Berliner Ausgabe = BA). 22 Bände. Verschiedene Herausgeber. Berlin: Aufbau-Verlag, 1960–1990. Band 8 (*Poetische Werke*, darin auch *Faust*) bearbeitet von Gotthard Erler. Berlin: Aufbau-Verlag, 4. Aufl. 1990. → Gut und ausführlich erläutert und kommentiert, eignet sich für spezielle Arbeiten und leistet Pionierarbeit; nimmt Ergebnisse der Jahrbücher der Goethe-Gesellschaft auf. Nach dieser Ausgabe wird mit der Sigle BA zitiert.

Goethe, Johann Wolfgang von: *Sämtliche Werke (Frankfurter Ausgabe). Briefe, Tagebücher und Gespräche.* Frankfurt a. Main: Deutscher Klassiker Verlag (40 in 45 Bänden), 1999 → Für Bibliotheken geeignete umfassende, allerdings sehr kostspielige Ausgabe mit ausführlichen Kommentaren, die manche neuen Erkenntnisse bringen.

Gräf, Hans G. (Hrsg.): *Der Briefwechsel zwischen Schiller und Goethe* in drei Bänden, Leipzig: Insel Verlag, 1964.

Herder – Goethe – Möser: *Von Deutscher Art und Kunst.* Leipzig: Verlag Philipp Reclam jun., 1960 → Darin Goethes *Von Deutscher Baukunst* und *Mösers Deutsche Geschichte.*

Hartung, Ernst (Hrsg.): *Alles um Liebe. Goethes Briefe.* München – Ebenhausen: Wilhelm Langewiesche-Brandt, 1906.

Lernhilfen und Kommentare für Schüler:

Bernhardt, Rüdiger: *Johann Wolfgang von Goethe. Faust II.* Königs Erläuterungen und Materialien, Bd. 43. Hollfeld: C. Bange Verlag, 3. Aufl. 2005.

Esenwein, Jürgen von; Harald Gerlach: *Goethe – Zeit, Leben, Werk.* Aufbau, Metzler, Schroedel 1999 (CD-ROM; Win 95/NT) → Nicht günstig strukturierte CD mit schwer benutzbaren Suchfunktionen und ohne genaue Hinweise, aber abwechslungsreich.

Friedrich, Theodor: *Goethes Faust erläutert.* Leipzig: Reclam, 1932.
Die Ausgabe wurde modernisiert: **Theodor Friedrich und Lothar Scheithauer**: *Kommentar zu Goethes Faust.* Stuttgart: Reclam, 1980 (Universal-Bibliothek Nr. 7177–82), ist aber ergänzungsbedürftig. → Das sehr genaue und umfassende Erläuterungswerk wurde seither mehrfach ergänzt und überarbeitet und stellt ein Standardwerk für das Verständnis des *Faust* dar. Es ist ein unersetzliches Hilfsmittel für jede Beschäftigung mit dem Werk und ist für alle Publikumskreise geeignet.

Gaier, Ulrich: *Johann Wolfgang Goethe. Faust. Der Tragödie Erster Teil.* Stuttgart: Philipp Reclam, 2001 (Reihe Erläuterungen und Dokumente. Universal-Bibliothek Nr. 16021) → Umfangreicher, teils schwer nachvollziehbarer Kommentar mit intertextuellen Beziehungen, die den Leser überfordern, da sie den *'Faust'* auf zahllose andere weltliterarische Texte zurückführen.
Vgl. 3-bändige Kassette *Johann Wolfgang Goethe: Faust-Dichtungen*, hrsg. und komm. von Ulrich Gaier, Stuttgart: Philipp Reclam, 1999 und andere Veröffentlichungen Gaiers wie *Fausts Modernität.*

Gysi, Klaus (Hrsg.) u. a.: *Urfaust. Faust.* In: Klassik. Erläuterungen zur deutschen Literatur. Berlin: Volk und Wissen, 5. Aufl. 1967.

Keller, Werner: *Faust. Eine Tragödie.* In: Walter Hinderer (Hrsg.): Goethes Dramen. Interpretationen. Stuttgart: Reclam, 1992.

Kobligk, Helmut: *Johann Wolfgang Goethe. Faust I.* Frankfurt am Main: Verlag Moritz Diesterweg, 19. Auflage 1997.

Sekundärliteratur:

Bernhardt, Rüdiger: *Faust. Ein Mythos und seine Bearbeitungen.* Hollfeld: C. Bange Verlag, 2009 → Einführung in die verschiedenen Behandlungen des Faust-Stoffes; Informationen über den historischen Faust.

Birkner, Siegfried: *Goethes Gretchen. Das Leben und Sterben der Kindsmörderin Susanna Margaretha Brandt*. Frankfurt a. M. und Leipzig: Insel Verlag, 1999 (insel taschenbuch 2563).

Boyle, Nicholas: *Goethe. Der Dichter in seiner Zeit*. Bd. 1 (1749–1790) und 2 (1790–1803). Aus dem Englischen übersetzt von Holger Fliessbach. Frankfurt a. M. und Leipzig: Insel Verlag, 2004 (insel taschenbuch 3025 und 3050) → Die auf drei Bände angelegte umfangreiche Biografie (der 3. Band steht noch aus) ist populär gehalten, packend geschrieben und wirkt streckenweise wie ein Roman.

Buchwald, Reinhard: *Führer durch Goethes Faustdichtung. Erklärung des Werkes und Geschichte seiner Entstehung.* Stuttgart: Alfred Kröner Verlag, 4. Aufl. 1955 (Kröners Taschenausgabe Band 183).

Ciupke, Markus: *Des Geklimpers vielverworrner Töne Rausch. Die metrische Gestaltung in Goethes Faust.* Göttingen: Wallstein, 1994.

Damm, Sigrid: *Christiane und Goethe. Eine Recherche.* Frankfurt am Main, Leipzig: Insel Verlag, 2000.

Damm, Sigrid: *Goethes letzte Reise.* Frankfurt am Main und Leipzig: Insel Verlag, 2007 → Die Entstehung des *Faust* und der Zusammenhang mit Goethes geistiger Entwicklung wird im Kontext des letzten Lebensabschnitts verfolgt.

Devrient, Eduard: *Geschichte der deutschen Schauspielkunst.* In zwei Bänden neu herausgegeben von Rolf Kabel und Christoph Trilse. Berlin: Henschelverlag, 1967.

Dimde, Manfred: *Goethes geheimes Vermächtnis. Die Botschaften im ‚Faust' entschlüsselt.* Essen, München, Bartenstein, Venlo, Santa Fe: Bettendorf, 1995 (mit CD: Musik aus Goethes *Faust*) → Spekulative und meist nicht nachvollziehbare Enthüllung eines Geheimnisses, dass *Faust* eine Geheimbotschaft als Musik enthalte und Goethe in Bad Lauchstädt ein spezielles Theater für die Aufführung des *Faust* geschaffen habe.

Ehrlich, Lothar; Mai, Gunther (Hrsg.): *Weimarer Klassik in der Ära Honecker*. Köln, Weimar, Wien: Böhlau Verlag, 2001 → Dieser Band und der vorhergehende (Lothar Ehrlich und Gunter Mai [Hrsg.]: *Weimarer Klassik in der Ära Ulbricht.* Köln, Weimar, Wien: Böhlau Verlag, 2000) gehören zu dem bei der Stiftung Weimarer Klassik angesiedelten Projekt „Weimarer Klassik in der DDR".

Eibl, Karl: *Das monumentale Ich. Wege zu Goethes ‚Faust'.* Frankfurt am Main und Leipzig, 2000 → Versuch einer Gesamtinterpretation unter dem Aspekt der „im 18. Jahrhundert entstehenden modernen Individualitätsproblematik". Unterschiedliche Ansichten zu einzelnen Szenen und Erhellung innerer Widersprüche im Stück.

Eibl, Karl: *Animal Poeta. Bausteine einer biologischen Kultur- und Literaturtheorie*. Paderborn: Mentis Verlag, 2004. → Vgl. dazu: Malte Herwig, Hilmar Schmundt: *Gene und Goethe*. In: Der Spiegel vom 17. September 2007, Nr. 38, S. 206 f.

Eissler, Kurt R.: *Goethe. Eine psychoanalytische Studie 1775–1786.* Hrsg. von Rüdiger Scholz, 2 Bde., München: Deutscher Taschenbuch Verlag, 1987 → U. a. Darstellung der Unterschiede zwischen Hiob und Faust und die „einzigartige Weise", in der das Problem der allzu vielen Wunscherfüllungen zum Unglück führt, S. 1612–1646.

Friedenthal, Richard: *Goethe. Sein Leben und seine Zeit.* München: R. Piper & Co Verlag, 1963.

Geerdts, Hans-Jürgen: *Johann Wolfgang Goethe.* Leipzig: Philipp Reclam jun., 1972.

Götting, Franz (Hrsg.): *Chronik von Goethes Leben.* Leipzig: Insel, 1957.

Gräf, Hans Gerhard (Hrsg.): *Goethe über seine Dichtungen.* Versuch einer Sammlung aller Äußerungen des Dichters über seine poetischen Werke. 3 Teile in 9 Bänden. Frankfurt a. Main: Rütten & Loening, 1901–1914.

Hamm, Heinz: *Goethes Faust. Werkgeschichte und Textanalyse.* Berlin: Volk und Wissen Verlag, 1978; als Taschenbuch Volk und Wissen/Cornelsen, 6., völlig neubearb. Aufl. 1997.

Hansen, Volkmar: *Johann Wolfgang von Goethes Tragödie Faust als Epochensignatur.* In: Gerhard Rupp (Hrsg.): Klassiker der deutschen Literatur. Epochen – Signaturen von der Aufklärung bis zur Gegenwart. Würzburg: Königshausen & Neumann, 1999, S. 40–56.

Hartmann, Horst: *Faustgestalt. Faustsage. Faustdichtung.* Berlin: Volk und Wissen Verlag, 1979.

Hendel, Gerhard: *Von der deutschen Volkssage zu Goethes Faust.* Weimar: Nationale Forschungs- und Gedenkstätten der klassischen deutschen Literatur, 1967 → Eine übersichtliche, gut verständliche und mit umfangreichem Bildmaterial versehene Einführung in die Entstehung des Werkes.

Hettner, Hermann: *Geschichte der deutschen Literatur im achtzehnten Jahrhundert.* 2 Bde., Berlin: Aufbau-Verlag, 1961 → Besonders im 2. Band finden sich weiterführende Bemerkungen zum Stück, entwickelt auf der Grundlage zeitgenössischer Dokumente.

Höfer, Anja: *Johann Wolfgang von Goethe.* (dtv portrait). München: dtv, 1999 → Eine kurze, übersichtliche und leicht verständliche Einführung in Leben und Werk, vor allem für Einsteiger und Jugendliche.

Jaeger, Michael u. a. (Hrsg.): *„Verweile doch" – Goethes Faust heute.* Die Faust-Konferenz am Deutschen Theater und Michael Thalheimers Inszenierungen. Blätter des Deutschen Theaters Nr. 3, 2006. Mit Hör-CD. Berlin: Henschel Verlag und Autoren, 2006 → Eine der wichtigsten Publikationen für ein neues Verständnis des *Faust* unter dem Aspekt der Moderne und der Kapitalismuskritik. Namhafte Goethe-Forscher – Ulrich Gaier, Nicholas Boyle u. a. – nahmen teil. Gespräche mit den wichtigsten Schauspielern der Thalheimer-Produktion geben Einblick in heutige Inszenierungskonzeptionen.

Jasper, Willi: *Faust und die Deutschen.* Berlin: Rowohlt Verlag, 1998.

Keller, Werner (Hrsg.): *Aufsätze zu Goethes Faust I.* Wege der Forschung, Bd. 145. Darmstadt: Wissenschaftliche Buchgesellschaft, 1984 (2., bibliografische erneuerte Auflage) → Es handelt sich um eine Zusammenstellung wichtiger Einzeluntersuchungen namhafter, teils auch umstrittener Goethe-Forscher, von 1857 (F. Th. Vischer) bis in die 1970er Jahre.

Klotz, Volker: *Geschlossene und offene Form im Drama.* München: Carl Hanser Verlag, 9. Aufl. 1978.

Lukács, Georg: *Faust und Faustus.* Reinbek bei Hamburg: Rowohlt, 1967.

Lösch, Michael: *Who's who bei Goethe.* München: dtv, 1998.

Mahl, Bernd: *Goethes Faust auf der Bühne. Fragment – Ideologiestück – Spieltext.* Stuttgart: J. B. Metzler Verlag, 1999 → Die Dokumentation zur Wirkungsgeschichte ist ein Standardwerk über Faust-Inszenierungen, in dem die Schwierigkeiten im Umgang mit dem Text ebenso deutlich werden wie die Legende gewordenen, genial-fatalen Selbstdarstellungen eines Gustaf Gründgens u. a.

Mayer, Hans: *Goethe.* Hrsg. von Inge Jens. Frankfurt am Main: Suhrkamp Verlag, 1999.

Midell, Eike (Hrsg.) unter Mitarbeit von Hans Henning: *Faust. Eine Anthologie.* 2 Bde. Leipzig: Reclam-Verlag, 1967.

Schmidt, Jochen: *Goethes Faust. Erster und Zweiter Teil. Grundlagen – Werk – Wirkung.* München: Verlag C. H. Beck, 1999.

Scholz, Gerhard: *Faust-Gespräche.* Mitarbeit Ursula Püschel. Leipzig: Verlag Philipp Reclam jun., 1983.

Schöne, Albrecht: *Karl Marx lernte von Mephisto, was Besitz vermag.* In: Frankfurter Allgemeine Zeitung (F.A.Z.) vom 3. Januar 2004, Nr. 2, S. 35.

Schöne, Albrecht: *Johann Wolfgang Goethe, Faust.* Kommentare, Bd. 7/2 der Frankfurter Ausgabe (Johann Wolfgang Goethe, I. Abteilung: Sämtliche Werke). Frankfurt am Main: Deutscher Klassiker Verlag, 1985–1999, Bd. 7/2: 1994; Frankfurt am Main: Insel Verlag, 2003 (5., überarb. und akt. Auflage) → Gilt als gründlichster, sachlichster, alles erklärender und anregender Kommentar zum *Faust* und Kompendium zur Kulturgeschichte.

Wilpert, Gero von: *Goethe-Lexikon.* Stuttgart: Kröner Verlag, 1999 → Fakten und Informationen über Wissenswertes zu Goethes Leben und Werk konzentriert und zuverlässig gesammelt.

Wilson, W. Daniel: *Das Goethe-Tabu. Protest und Menschenrechte im klassischen Weimar.* München: dtv, 1999.

STICHWORTVERZEICHNIS